Qué dicen
tus sueños

Ciencias Ocultas
Colección Librería
Libros de todo para todos

Qué dicen tus sueños

Mario Vélez

 editores mexicanos unidos, s. a.

D. R. © Editores Mexicanos Unidos, S. A.
Luis González Obregón 5-B, Col. Centro,
Cuauhtémoc, 06020, D. F.
Tels. 55 21 88 70 al 74
Fax: 55 12 85 16
editmusa@prodigy.net.mx
www.editmusa.com.mx

Coordinación editorial: J. Antonio García Acevedo
Diseño de portada: Arturo Rojas Vázquez
Formación: Jorge Huerta Montes

Miembro de la Cámara Nacional
de la Industria Editorial. Reg. No. 115.

2a edición: mayo de 2007

ISBN 978-968-15-1002-2

Impreso en México
Printed in Mexico

ABANDONO: El significado del sueño varía dependiendo si abandonamos o somos los abandonados. Generalmente después de una experiencia dolorosa como la separación de un ser querido (muerte, divorcio), soñaremos que alguien nos deja. Si es nuestro padre quien se aleja, no podremos terminar algún proyecto; si es mamá, problemas económicos nos asolarán; si es la pareja, somos culpables de originar dificultades. Si somos abandonados en un mal trance o lugar solitario, la tristeza invadirá nuestro ser; si es alguien influyente, nos liberaremos de alguna esclavitud. En la mayoría de los casos, cuando abandonamos queremos dejar atrás aquello que nos ata, valores caducos que nos agobian, algún familiar o amistad que ya no es importante en nuestra vida.

ABEJA: Soñar abejas es símbolo de prosperidad gracias al propio esfuerzo. Si nos pican, nuestra reputación será puesta en entredicho por alguien muy cercano; si nos regalan su miel, la felicidad reinará en el seno del hogar; si nos atacan con furia, se aproxima nuestra ruina; pero si las vemos pacíficas, posadas sobre una flor, es símbolo de un dulce amor que viene en camino.

ABISMO: Si caemos en él, un problema que definirá nuestro futuro tendrá un desenlace abrupto; si logramos salir, una situación difícil podrá salvarse; si sólo lo vemos, estamos a tiempo de evitar conflictos mayores.

ABORTO: Si un hombre sueña que ve un aborto o ayuda a una mujer en la decisión de realizarlo, se le augura una enfermedad aguda o un accidente grave. Si dicho aborto nos atañe, es probable que algún proyecto no llegue a feliz término, o que se retrase, si solamente lo presenciamos.

ABRAZO: Soñar ser abrazado indica que un amigo querido se alejará de ti, o que tal vez alguien cercano no es sincero en sus afectos.

ABUELOS: Son dignos de prestar atención los sueños en que nuestros abuelos aparecen sonrientes, ya que nos auguran felicidad, pero preocupémonos si ya fallecieron pues grandes desgracias nos acecharán como castigo a faltas pasadas.

ACCIDENTE: Cuando en sueños somos víctimas de un accidente, lo más probable es que nos sintamos inseguros frente a una decisión importante. Sería bueno que ante una situación definitoria en nuestra vida, pongamos en una balanza, de la manera más objetiva posible, lo favorable y desfavorable de nuestra determinación.

ACERA: Si en sueños caminamos por la acera es signo de gran seguridad ante la posición social y económica que hemos alcanzado. Debemos prestar mucha atención si nos bajamos de la acera, pues esto significaría que nada es tan seguro como parece y que debemos esforzarnos en cuidar aquello que valoramos de nuestra existencia.

ACERO: Cuando soñamos acero brillante tendremos éxito en nuestro trabajo y si lo percibimos opaco lo que se aproxima son pérdidas. Si éste pertenece a un cuchillo o espada debemos ser prudentes: un peligro nos acecha.

ACEITE: Si en el sueño rompemos un frasco de aceite o lo derramamos es augurio de desgracias; beberlo indica próxima enfermedad; untárselo a alguien o que nos lo froten es símbolo de que no nos faltará el apoyo de una amistad. Pero si soñamos que alguien nos lo vierte en la cabeza, seremos elevados por encima de los demás.

ACTORES: Si somos actores es símbolo de total dominio de una situación amorosa o laboral; si este sueño se tornase repetitivo es de preocuparse puesto que nos sentimos vulnerables. Si vemos actores significa que pronto tendremos diversiones frívolas; si éstos son conocidos, debemos disculparnos con aquel a quien ofendimos. En todos los casos no debemos participar en juegos de azar, pues perderemos.

ACUARIO: Ver en sueños un acuario es símbolo de paz y gran felicidad que sabremos conservar.

ADIÓS: Soñar que alguien nos dice adiós es signo de que pronto nos desharemos de algún mal hábito, obstáculo o persona inconveniente. Si nosotros decimos adiós es que volveremos a ver a esa persona más pronto de lo que creíamos.

AGUA: El significado de soñar con agua tiene varios matices, pero siempre está ligado a la vida, los sentimientos, la fecundidad y la abundancia. Agua clara, larga y pacífica vida, pureza de sentimientos; recibirla, salud, consuelo o futuro matrimonio; darla, piedad; guardarla, avaricia; cobrarla, renunciación a nuestros principios morales; derramarla, disgustos. Ver agua de lluvia, abundante cosecha y trabajo; ver o tener goteras en casa, duelo; agua corriente, ya no se tendrán más hijos; de una fuente, prosperidad y felicidad. Caminar sobre ella, presagio de que se aproxima un periodo peligroso; nadar, augurio de próxima diversión; verla agitada, presagio de penas y sufrimientos. Si bebemos agua fría nos espera salud y prosperidad; caliente, desengaños; hirviente, nuestra cólera puede hacemos daño. Bañarse en agua fría es signo de la incomprensión de quienes nos rodean; tibia, presagio de felicidad; hirviente, futura separación o divorcio. El agua amarga o turbia es símbolo de enfermedad; corrompida, la rabia nos invade; de mal olor, tenemos bienes de dudosa procedencia; estancada, esclavitud; negra o salada, penas y fracaso familiar nos esperan; mineral, mejoría de salud. Soñar con agua bendita significa salud física y espiritual.

AHOGADO: Recibiremos una herencia o un ascenso en el trabajo.

AHORCADO: Si lo vemos es augurio de pérdidas económicas, pero si somos nosotros, de elevación social.

AIRE: Soñar con aire es símbolo de gran creatividad y de un intelecto activo, debemos estar atentos a cómo se presenta, pues su significado cambia. Si soñamos con aire límpido y trasparente, se iniciará un periodo próspero en nuestra vida o realizaremos un viaje feliz; si además es perfumado, indica salud, serenidad y éxito en los negocios. Si es frío, simboliza la pérdida de un amigo; brumoso, que debemos ser muy prudentes para evitar peligros; si es rojizo, nos afectarán disturbios cercanos a nuestra casa; pero si por el contrario es negro, tendremos discordias con nuestros superiores.

AJUAR: Prepararlo y mostrarlo siempre es signo de íntima felicidad.

ALAS: Las alas son siempre signo de victoria; si nosotros las poseemos nos elevaremos por encima de los demás; un ascenso en el trabajo es lo más probable.

AMANECER: Un hermoso sueño es augurio de una nueva vida llena de optimismo.

AMIGOS: Si soñamos con muchos amigos, debemos estar atentos, lo más probable es que alguien prepare un complot en nuestra contra. Dependiendo del aspecto físico que el amigo muestre en el sueño, será el talante de nuestra amistad; arreglado, es buena y duradera; desaliñado, la hemos descuidado. Cuando aparece un solo amigo es símbolo de que alguna situación difícil en nuestra vida se va aclarando poco a poco.

AMOR: Soñarnos enamorados suele ser mal símbolo y si por el contrario nos aman y somos desgraciados quiere decir que el amor llamará a la puerta. Soñar un romance indica próxima pelea.

ANGELES: Soñar con ángeles es siempre buen augurio; encarna solución próxima a cualquier pena o problema que nos acongoja; salud a los enfermos, libertad a los presos, solvencia a los pobres. Verlos volar significa prosperidad; ver a uno solo, protección; si acaso vemos a varios, hemos de rectificar errores en nuestra conducta. Ver ángeles en casa es símbolo de que seremos agraviados por un familiar; verlos enojados o tristes avisa de un cambio en nuestra vida que será para mal, encontraremos graves pérdidas y desdichas. La aparición de un ángel generalmente implica que estamos en un punto crucial en nuestra vida, con nuevas posibilidades y responsabilidades que debemos aceptar y asumir con una gran fuerza de espíritu.

ANDRAJOS: Vernos con ellos es terrible augurio de miseria espiritual y material.

ANILLO: Éste, al igual que la pulsera y el cinturón, es símbolo de continuidad; al mismo tiempo que unen, atan. Si se rompe, presagia divorcio o adulterio; devolverlo, separación; perderlo, fuertes discusiones con la pareja; ponérselo a alguien, deseos de dominio. Si una mujer sueña con un anillo de plata, será madre de una niña.

ANTEOJOS: Un secreto será develado.

APARICIÓN: Si es sobrenatural y desconocida es símbolo de que andamos en buen camino; pero si es una persona, muerte, y hemos de cumplir con algún deber pendiente.

APARTAMENTO: Si somos dueños de un apartamento lujoso, es signo de que estamos gastando de más; si es modesto, pronto llegaremos a una estabilidad económica por nuestro propio esfuerzo; si lo visitamos, presagia un cambio determinante en nuestra vida; si es bonito, le irá bien a nuestra pareja; si está descuidado, recibiremos la cólera de aquel o aquella a quien amamos. Un apartamento que nos resulte desconocido es símbolo de enfermedad.

ARAÑA: Soñar con arañas es evidencia de que preparamos una trampa o estamos a punto de caer en una, todo esto debido a nuestra indiscreción, alguna tentación o vicio. Si la vemos tejiendo su tela, alguien nos calumnia; pero si la matamos, pronto nos serán develados enemigos ocultos.

ÁRBOL: "Al que a buen árbol se arrima, buena sombra le cobija". En la mayoría de los casos su aparición en sueños significa protección material pero, según su aspecto, el mensaje varía. Si es frondoso, nuestros amigos nos protegen, tranquilidad familiar, amor naciente, afectos sinceros; si es un árbol frágil y deshojado, estamos indefensos ante una situación, inminentes desdichas de todo tipo asolarán nuestro hogar. Si lo rompemos es símbolo de enfermedad o amputación; si está cargado de hojas sumamente verdes, bienestar económico; si nos subimos a él es augurio de ascenso y fortuna, pero si nos caemos, de desempleo. Si vemos un árbol quemarse, muerte próxima en la familia.

ARROZ: Triunfo final para las personas luchadoras: "El que persevera, alcanza".

ARRUGAS: "Más sabe el diablo por viejo que por sabio". Soñar que surcan nuestro rostro es indicio del temor que tenemos a envejecer y disgustar a quien amamos. Envejecer y madurar han de ser grandes aliados, así nuestro corazón sabrá mantenerse joven y adquiriremos experiencia y sabiduría. Si lo que vemos arrugado es nuestra ropa, es signo de que llevamos una vida sumamente aburrida.

ASALTO: Si somos asaltados en sueños, nuestra vida económica está asegurada; si asaltamos, es que nuestros éxitos se deben al gran valor que poseemos.

ASCENSOR: Su presencia en nuestros sueños es indicio de ascenso debido a influencias o de descenso a causa de que ya nadie intercede por nosotros.

ASCO: Si soñando vemos a alguien que nos inspira asco, prestemos atención a nuestros actos pues estamos obrando mal: "No veas la paja en el ojo ajeno".

ASESINO: Todos los sueños de gran violencia implican un conflicto muy fuerte entre la vida que llevamos, apegada a normas y leyes, y la que queremos llevar. Cuando tengamos sueños de este tipo debemos descargar nuestra agresividad a través de algún deporte o actividad física sana; asimismo, estos sueños son una invitación a buscar el equilibrio espiritual que nos dará tranquilidad.

ASIENTO: Según la apariencia y solidez del lugar donde nos sentemos es nuestra posición actual en la vida.

ATAÚD: Soñar con un ataúd es un buen augurio, puesto que significa la muerte de algo que nos esclaviza; si nos soñamos dentro, la dependencia es terrible. Si estamos vivos y vestidos dentro de uno es señal de que se acerca nuestro fin; ver dentro a una mujer conocida es anuncio de matrimonio. Si vemos un ataúd en una feria o mercado, todos los que participen del cortejo son hipócritas; ser alzado en uno es símbolo de honores y elevación por encima de los demás.

AULLIDO: Símbolo de chismes y mala suerte en los negocios.

AVENIDA: Si está bordeada de árboles frondosos conseguiremos fácilmente lo ansiado, ya sea que mejore nuestra posición o consigamos amistades influyentes; si los árboles son débiles el triunfo se aleja, a menos que nos esforcemos sobremanera.

AVISPA: Disgustos causados por habladurías de alguien malintencionado.

AVIÓN: Soñar con un avión es símbolo de libertad de pensamiento y ambición; es un deseo de alcanzar un mejor nivel social, profesional o intelectual. Si somos pasajeros, implica pasividad y si, por el contrario, somos pilotos, indica nuestro poder de autocontrol. Si el avión cae es que sentimos miedo de que el objetivo de nuestras esperanzas no sea lo suficientemente realista y fracasemos.

BALNEARIO: Necesitamos purificar nuestros sentimientos.

BANCA: Todos los sueños en los que estamos realizando una operación bancaria son signo de inseguridad en la vida y necesidad de protección, generalmente son de mal augurio, aunque ligeramente favorables si salimos de él con el dinero que buscábamos.

BANCO: En los sueños en que aparecemos sentados en un banco se nos invita a reflexionar en una proposición recibida. Si es de madera, desconfiemos; si es de piedra, tengámosla en cuenta; si es de hierro, regalos a la vista; si es de iglesia, nos pedirán matrimonio, y si es de escuela, la vida tiene aún mucho que enseñarnos.

BANDERA: Soñarla siempre es buen presagio. Si la vemos ondear, la riqueza y el honor nos acompañarán; un posible ascenso se avecina; si la portamos, nuestro valor recibirá el reconocimiento debido. Dependiendo del color, el motivo de nuestra lucha cambiará; si es negra será contra la enfermedad; roja, por los sentimientos y pasiones que nos embargan; violeta, por la libertad; amarillo, por la inteligencia y derecho a pensar y opinar; café, por los bienes materiales. Si quien sueña la bandera es un hombre, recibirá buenas noticias y si es una mujer, pronto habrá un cambio radical en su persona. Si vemos una bandera extranjera: preparemos maletas, hay un largo viaje en cierne.

BAÑO: Su significado varía de acuerdo con la sensación del soñador; si el agua es clara y la sensación agradable, habrá en su vida salud y prosperidad; si es turbia, demasiado caliente o fría, nos acongojará un cargo de conciencia que sólo tendrá solución si, pese al inconveniente, el baño llega a buen término. Esto reflejaría la fuerza de voluntad y el empuje que tenemos frente a las dificultades de la vida.

BARBA: Desde tiempos remotos la barba siempre ha sido símbolo de sabiduría y espiritualidad. Verla en sueños indica qué camino tomaremos para solucionar un problema, ya sea uno práctico y enérgico o tal vez, reflexivo y espiritual. Si nos afeitamos o vemos a otro hacerlo, la acción debe ser directa y enérgica; si la dejamos crecer, debemos moderar nuestra ambición. Dependiendo de su aspecto serán los augurios: tupida y hermosa, éxito en lo que se emprende; blanca, tendremos prestigio y honra; negra, penas; roja, contrariedades; espesa, el triunfo se aleja; teñida, uso de artimañas e hipocresía; lavársela es signo de inquietudes. Si vemos que quien la afeita es un barbero, amigos que nos quieren nos ayudarán. Si es una mujer la que se sueña con barba, su feminidad aumentará o disminuirá según si se la afeita o se la deja.

BARCO: Soñar con un barco hace evidente un viaje por mar que equivale a peligro, generalmente estos sueños tienen que ver con nuestra capacidad de enfrentarnos a la vida, y de acuerdo a cómo se realice la trayectoria, será la interpretación: si llega sin problemas a su destino, la prosperidad nos espera; si naufragamos, lo mismo ocurre con nuestros anhelos más íntimos; si se llega a puerto con penalidades, nuestros asuntos serán demorados por obstáculos. Si el barco navega por lugares inapropiados (tierra, aire), los medios que utilizamos no nos funcionarán; hemos de buscar otras vías.

BARRO: Si soñamos que modelamos barro o arcilla es símbolo de nuestra capacidad creativa, no nos faltarán proyectos. Si vemos las figuras terminadas, las llevaremos a buen fin con éxito; si están a medias, debemos esforzarnos para hacerlas realidad; si nos vemos enlodados, sucios de barro, debemos luchar contra las bajas pasiones y cuidarnos de las malas lenguas. No olvidemos que de barro estamos hechos y podemos crearnos nuevamente con nuestros actos.

BASTÓN: Si es usado como arma es augurio de separaciones causadas por el agresor. Si sirve de sostén, tendremos el apoyo de nuestros allegados; si se rompe, la ayuda que nos brindan es insuficiente; si nos golpean con uno, pasaremos una vergüenza pública; pero si nos vemos comprándolo, un grave peligro será salvado.

BAUTISMO: Soñar con un bautismo es un hermoso símbolo de renacimiento espiritual y emocional, siempre implica purificación. El bautizo de un niño es augurio de la llegada de un nuevo amor o de una relación de pareja que se concretará en matrimonio.

BEBÉ: Soñar con un bebé hermoso y saludable es símbolo de felicidad en el seno del hogar. Si nos soñamos convertidos en bebés es que nos sentimos muy queridos.

BEBER: Si en sueños bebemos vino en un ambiente alegre es símbolo de salud y fortaleza, de días de gran felicidad. Si es en vaso de oro o plata, la fortuna estará de nuestro lado; si es bebida amarga, es un aviso para cuidar la salud. Beber leche augura maledicencias y angustias; si son sabrosos licores, lo ansiado se logrará; si es agua, la interpretación variará de acuerdo con su temperatura. (Ver agua.) Si somos creyentes y vemos palomas o pavos reales bebiendo, nos aproximaremos aún más a la fe en dios.

BICICLETA: El soñar que montamos en una bicicleta es símbolo de una etapa individualista en nuestra vida, hemos de buscar afrontarla sin ayuda, con nuestros propios medios. Muchas veces implica la ruptura de un noviazgo, como parte de una etapa solitaria y reflexiva. Si nos vemos cayendo de una bicicleta debemos cuidar nuestras inversiones: corremos riesgo de perder.

BOCA: Si está cerrada, es signo de una profunda incapacidad de comunicarnos; si es de bonita dentadura, tendremos salud física y mental; si es grande, es símbolo de riqueza y si por el contrario es pequeña, seremos despreciados por alguien que nos importa. Si es parlanchina es augurio de placeres, pero si la vemos llena de agua, la muerte acecha.

BESO: Un beso en sueños es, en la mayoría de los casos, un buen presagio: una persona querida vendrá pronto. Si besamos a nuestra pareja, la buena fortuna tocará a nuestra puerta; si es a un hombre cualquiera, nos beneficiaremos a través de él; si besamos a una muchachita, gratas alegrías nos llenarán el alma; si es a una casa, una bella mujer nos brindará sus favores. Besar a un muerto conocido es símbolo de que pronto heredaremos. Entre los malos augurios está el besar a alguien que no es nuestra pareja, pues es signo de infidelidad en cierne; si besamos la tierra es terrible símbolo de pesares y humillaciones.

BOFETADA: En todos los casos es de mal augurio. Si la damos esperemos ser víctimas de una injusticia, pero si la recibimos, alguien de nuestra familia recibirá un duro y merecido castigo.

BOLSILLO: Soñar con un bolsillo lleno es ambiguo, puesto que un problema que dábamos por acabado reaparecerá con más fuerza. Si está roto, temamos a la pobreza que nos espera; si registramos el de alguien, es signo de celos y desconfianza sin motivos; pero si por el contrario nos lo revisan, cuidémonos de amigos malintencionados.

BOMBONES: Si en sueños comemos bombones comprados por nosotros, debemos estar atentos a los gastos sin sentido, también debemos desatender falsos elogios. Si los vemos, esperemos un regalo, pero si nos los obsequian con un envoltorio atractivo, algún pretendiente se acerca con malas intenciones.

BORDADOS: En la mayoría de los casos es símbolo de ambición. Si es una dama quien borda, la buena fortuna volverá a llamar a nuestra vida: si nos vemos en el sueño con ropas bordadas, seremos criticados por falsas amistades.

BOTELLAS: Si soñamos con una botella llena de un líquido trasparente, tendremos una vida próspera; si al contrario, su contenido es turbio, nos esperan conflictos con la pareja. Una botella vacía es un aviso para que cuidemos la salud, y si está rota es presagio de desgracias.

BOSQUE: Si estamos perdidos en él y nos amenazan fieras, es símbolo de nuestros temores más ocultos; si caminamos por él bastante seguros, tenemos el control de nuestro inconsciente: nuestras emociones están bajo control. Si nos perdemos, pero logramos hallar el camino, los temores y angustias serán superados.

BRAZOS: Si los brazos soñados son fuertes, es símbolo de amistad, donde vayamos seremos bienvenidos; si son débiles, gente falsa nos rodea; si son velludos, adquiriremos riqueza. Si nos vemos sin ambos brazos, la ruina nos acecha, pero si perdemos uno solo, algún amigo o familiar corre peligro de grave enfermedad o muerte.

BRONCE: Ver un objeto de bronce es augurio de un sólido porvenir.

BRUJAS: Si las sueña un niño o adolescente, es símbolo de deseos no cumplidos que buscarán saciar por cualquier medio. Si un adulto las ve en sueños, es señal de pérdida del trabajo o fracaso en los negocios.

BUEY: Un animal de esta especie, saludable y con cuernos, es señal de grandes beneficios económicos; si es delgado y sin cuernos, la pobreza nos acecha. Si nos ruge o ataca, participaremos en una disputa familiar; si lo vemos dormido, nos afectarán desajustes climatológicos; si lo degollamos, venceremos al enemigo.

BUITRE: Estos animales representan a terribles enemigos dispuestos a todo, son presagio de dificultades y pérdidas. Si en el sueño somos atacados por buitres, nos irá en la vida de acuerdo al desenlace del enfrentamiento.

BUSCAR: Si buscamos un objeto cualquiera, se nos presentarán complicaciones; si es a una persona, su ausencia nos causará terribles angustias.

CABALLO: Los sueños en los que intervienen caballos, generalmente tienen una fuerte interpretación sexual, sobre todo si es el soñador quien cabalga; la habilidad que tenga para dominarlo representa la capacidad de control que tiene sobre sus pasiones. Dependiendo del jinete, la forma de cabalgar y el lugar donde se desenvuelva el sueño, será el significado: hombre o mujer adultos, a rienda suelta, fuerte deseo de relaciones sexuales; niño o jovencito, ansia de acción o aventura; enfermo por el campo, agravará, y por la ciudad, sanará pronto. Si montamos con naturalidad, éxito y prosperidad; si nos caemos aparatosamente, pérdidas y fracasos. Si soñamos que alimentamos un caballo, riqueza futura.

Si sueña un caballo negro, tendrá problemas, se casará con persona adinerada y de mal carácter; si es blanco, ganancias económicas y dulces alegrías le esperan; bayo, recibirá dignidades; gris, se le presentarán obstáculos. Si el soñador vende o castiga a un caballo, será injuriado. Si el animal está cojo, confusos problemas lo asolarán; si es robado, debe cuidarse de escándalos; si está muerto o herido, habrá un accidente en su familia. Caballos guiando una carreta son símbolo de ascenso; una carreta guiada por dos, anuncia boda. Caballos ensillados y sin jinete o parlantes, es augurio de muerte. Una manada en libertad es signo de que personas a su alrededor precisan de su dirección. Un animal encabritado anuncia que alguien de su familia incurrirá en grave error.

CABELLO: En los sueños el cabello es símbolo de fortaleza espiritual y física. Para que el sueño sea un presagio debemos soñarnos diferentes a como somos en la realidad. Largos y sedosos, habilidad para el triunfo; pérdida o corte involuntario, enfermedades y desgracias; corte voluntario, elevación espiritual. Calvicie, pérdida de amistades y reputación; cabello rizado, problemas; lacio, riquezas; despeinado, pérdidas materiales, mala administración de dinero. Cabellos perfumados, superficialidad, apariencia; negros, la pareja es amante fiel; rubios, amistad leal; castaño, amor sincero; rojizos, celos. Tener los cabellos totalmente blancos es símbolo de sabiduría; si quien se sueña así es una mujer embarazada, tendrá un hijo varón; si es casada, su marido le será infiel. Si nos arrancamos algunas canas, es augurio de peleas fuertes en el seno familiar debido a que abandonamos el camino recto. Si nos soñamos encaneciendo es signo de grave pérdida de dinero.

CABEZA: Si en sueños vemos que nos cortan la cabeza, es buen augurio; si pasamos penas, pronto hallaremos consuelo; si estamos presos, libertad; fortuna para quien no la posee, o acrecentamiento a quien ya la tiene. Si es otra persona quien, literalmente "pierde la cabeza", significa próximo ascenso y obtención de ganancias y si el soñador le corta la cabeza a alguien, es el momento de comprar un billete de lotería. Ver una cabeza sola es símbolo de libertad; una grande, de aumento de riquezas; una chica, de pérdidas terribles.

CABRITO: Si quien lo sueña es una mujer, pronto sabrá que está embarazada; si ya lo está, su parto será un acontecimiento feliz y sin complicaciones.

CADÁVER: Soñarnos mirándolo es señal de que una etapa en nuestra vida ha de finalizar para empezar otra. Si el cadáver somos nosotros significa un deseo oculto de suicidio. Si sueña que besa a un cadáver es augurio de vida plena de felicidad.

CADENA: Soñarla es una invitación a reflexionar y corregir errores pasados para evitar castigos presentes.

CAER: Una caída en sueños es símbolo de temor y vergüenza debido a actos cometidos en el pasado, o también puede significar que no nos sentimos preparados para dar un paso nuevo en la vida. Si de la caída salimos con bien, es signo de que todo mejorará; si es en agua, graves peligros acechan; en barro, fuertes desilusiones nos embargarán; si es desde gran altura, el peligro es inminente y debemos temer una tragedia. Si vemos a alguien caer, la ruina le espera.

CAJA: Ver cajas llenas es augurio de abundancia y felicidad; rebosante de cosas diversas, de próximo viaje. Una caja vacía presagia pobreza y desilusión. Una pila de cajas es signo de que nos rodea la envidia. Si la abrimos, revelaremos nuestros secretos más ocultos.

CAJÓN: Si en sueños abrimos el cajón de un mueble y está vacío se nos presentará un inconveniente que fácilmente solucionaremos. Si está lleno, hallaremos un gran apoyo.

CALLE: Si es amplia y recta es señal de que deseamos mejorar en la vida y vamos por buen camino. Si la calle soñada está llena de basura, tendremos líos con la justicia. Si está oscura, correremos peligros.

CAMA: Soñar con una cama está íntimamente relacionado con nuestra vida sexual y de pareja. Si es inmensa, le damos mucha importancia al sexo; si es pequeña, no es nuestra prioridad; si está rota o son dos (una junto a la otra) separación o muerte de la pareja; si está en una habitación oscura, próxima enfermedad; si la vernos vacía, alguien cercano morirá. Si la cama está limpia es símbolo de armonía con la pareja; desordenada, es signo de peleas y, nueva, es excelente señal de nuevos amores.

CANARIO: Verlo enjaulado es señal de enamoramiento; cantando feliz es señal de que recibiremos secretos de amor pero, si escapa, de la misma forma se nos irá el amor.

CANASTA: Soñarla es casi siempre buen presagio. Si es bonita y está llena, nuestra familia crecerá en miembros y fortuna, posible adquisición de casa. Si es fea, es un aviso para no iniciar nuevas empresas, y si está rota, atravesaremos problemas económicos.

CARTA: Recibirla expresa nuestro deseo de tener noticias de un ser querido; escribirla significa que alguien nos está escribiendo; si la destruimos, pronto nos separaremos de alguien, y si no la podemos leer, alguien fallará a su palabra.

CASA: En el sueño la casa es símbolo de nuestra persona, por lo tanto cada parte tiene que ver con la función que cumple. Si soñamos con la cocina o el comedor, hemos de observar nuestros hábitos alimenticios; si es con la recámara, algo no marcha bien en nuestra vida sexual o nos hace falta descanso. Si la casa es vieja, nuestros hábitos y costumbres son también caducos y debemos renovarnos. Si vemos habitaciones sucias, posible depresión; si no podemos abrir una recámara, tenemos asuntos sin resolver; una fachada bonita es símbolo de bienestar físico.

CEBOLLAS: Si las vemos plantadas, algo o alguien se opondrá a nuestros planes; si las cortamos y nos lloran los ojos, hemos de luchar con ímpetu; si las vemos crudas es señal de tristeza sin motivo, pero si están cocidas, pronto la familia se verá reunida.

CELOS: Si en un sueño sentimos celos infundados y tenemos problemas con nuestra pareja, todo saldrá de maravilla; si por el contrario nos celan, seremos víctimas de alguna injusticia.

CEMENTERIO: Si soñamos repetidamente con cementerios es un claro llamado a enterrar el pasado, retomándolo sólo para iniciar un nuevo presente. Si por otro lado son sueños aislados, pueden ser interpretados de la siguiente manera: si nos vemos entrando en uno, pronto nos veremos privados de nuestra libertad; si nos hallamos dentro, tendremos vida larga y feliz. Verlo de lejos es terrible augurio, morirá algún conocido.

CERDO: El cerdo simboliza deseos impuros reprimidos, soñarlo es augurio de enfermedad.

CERVEZA: Beberla en sueños siempre es símbolo de gran cansancio debido a un esfuerzo que no valió la pena. Si la bebemos en exceso significa que pronto llegará el descanso merecido.

CIEGO: Si nos vemos ayudando a un ciego es buen presagio; si éste no lo es en realidad, cuidémonos de malos consejos. Ver a muchos es aviso de próximo luto; si soñamos una repentina recuperación de la vista, seremos testigos de la misma curación en alguien cercano a nosotros. Si estamos ciegos, un error nuestro causará una catástrofe.

CIELO: De acuerdo a cómo luzca el cielo en sueños, veremos realizarse nuestras aspiraciones y anhelos. Cielo de noche, señala época para preparar nuestros planes y proyectos; cielo matutino, claro y sereno, es momento de trabajar en su realización, pues días de calma e inspiración nos esperan; si está nublado, tendremos problemas graves. Si el cielo soñado anuncia tormenta, temamos una situación terrible. Si algo cae bruscamente augura mala noticia o acontecimiento infausto.

CIGARRO: Si lo vemos encendido nunca nos faltarán los amigos, si está apagado, atención: se avecinan problemas.

CIGÜEÑA: Si la maltratamos es símbolo de ingratitud; si vemos cómo la matan, perderemos un cariño sincero; si las vemos volar en parejas, significa que pronto habrá un matrimonio o que la familia crecerá; si le damos de comer, recibiremos un favor en el momento propicio, pero si la vemos volar hacia nosotros es claro aviso de que los ladrones andan cerca.

CLAVEL: Los sueños en que aparecen claveles son generalmente de amor. Si éstos son rojos, el amor estará cargado de pasión; amarillos, cuidémonos de celos. Claveles blancos nos invitan a confiar en el amor prometido, pero si el color es indefinido, alguien despreciará nuestro amor. Si el soñador porta un ramo de claveles, tal vez participe como padrino en una boda.

CLAVOS: Si soñamos con clavos nuevos aumentarán nuestros medios de trabajo; si están en mal estado, ¡problemas a la vista!; si vemos a alguien clavando, pondrán en tela de juicio nuestra reputación; si por el contrario, el soñador se ve clavando, alguien se disculpará por una posible ofensa.

COBIJA: Si nos cubrimos con una cobija limpia, nunca, nos faltará el apoyo de los seres queridos, pero si está en mal estado, es terrible augurio de accidente o muerte.

COCINA: Soñar que estamos en la cocina es indicio de nuestra preocupación por la manera en que estamos "preparando" nuestro futuro. Si está bien equipada, los medios con los que contamos son los correctos; si es austera, debemos proveernos de lo necesario y dar a lo material la debida importancia. Si la vemos quemándose, aún nos falta mucho por aprender; si nos vemos cocinando, hay que procurar evitar errores y si es otro quien guisa, alguien cercano trata de desprestigiarnos.

COJO: Si nos soñamos cojeando, algún impedimento demorará nuestros planes: si vemos a otra persona coja, conoceremos a alguien influyente.

COLUMPIO: Si el soñador se columpia, feliz matrimonio le espera; si el lazo se rompe, el enlace será coronado con hijos.

CONEJO: Soñar que un conocido posee conejos es señal de deseos sexuales hacia esa persona. Si sonamos conejos blancos es augurio de salud y buena fortuna; si son negros es señal de desgracias; si son grises es presagio de próximo matrimonio. Si nos muerde un conejo, alguien provocará un accidente en el que seremos víctimas.

CORRER: Si corremos compitiendo y ganamos es símbolo de bienestar material y éxitos profesionales; si vemos a alguien correr, algún imprevisto se nos presentará; si es mucha gente corriendo, temamos una revuelta o manifestación. Si corremos detrás de un ladrón, saldremos bien parados en nuestros asuntos; si quien corre es una mujer desnuda, su honra correrá peligro, pero si el soñador corre desnudo, es presagio de que será infiel a su pareja.

COPA: Soñar con una copa es símbolo del amor profundo. Si brindamos con una persona, es que deseamos compartir con ella la felicidad; si bebemos de la misma copa con alguien, refleja el ansia de fundirnos con esa persona hasta la eternidad; romperla después de un brindis es símbolo de que ese amor es el único que deseamos por toda nuestra vida. Si vemos varias copas aisladas es augurio de que los conflictos que nos agobian desaparecerán y es también aviso para cuidarnos de amistades interesadas.

CRUZ: Si en el sueño vemos una cruz es una invitación a elegir definitivamente el camino que regirá nuestra vida. Si está en nuestro pecho sentimos la necesidad de recuperar la fe. Si quien la sueña está enfermo, es augurio de salud; si es un anciano, le presagia una vejez tranquila y feliz.

CUADROS: Si el cuadro soñado es bello o alegre es augurio de felicidad y buena salud; si está incompleto o es triste, es una invitación a asumir la realidad tal como es; suele interpretarse también como presagio de infidelidad.

CUCHILLO: Soñar con cuchillos es siempre símbolo de riñas familiares, pero si se sueña con un puñal, la pelea será con la persona amada. Si el soñador hiere a otra persona será augurio de problemas.

CUERNOS: Si se sueña animales con cuernos es augurio de ganancias. Si es el soñador quien los sueña en su frente, es evidente símbolo de infidelidad consentida.

CUERVO: Soñar con cuervos, que son aves carroñeras, es terrible augurio de males y sufrimientos; si graznan, participaremos en un entierro; si son varios, un familiar enfermará. Sólo si nos llegaran a hablar anuncian el fin de los males que nos aquejan.

CUNA: Soñar con una cuna vacía es símbolo de insatisfacción y refleja el anhelo de retornar a la infancia. Si regalamos una cuna, es presagio de matrimonio; si mecemos a un niño en su cuna, nos espera felicidad conyugal y una familia numerosa; si en la cuna vemos varios niños, es excelente augurio de incremento de riquezas.

CHAMPAÑA: Soñar que la bebemos es una invitación a cuidar atentamente nuestra economía y mesurarnos en los gastos.

CHEQUE: ¡Cuídate! Alguien quiere estafarte.

CHÍCHAROS: Comprarlos en sueños es signo de que nuestros más grandes anhelos se realizarán pronto; comerlos es augurio de conflictos.

CHINCHE: En general es símbolo de vergüenza pública. Verla, disgustos aquejarán a nuestros allegados; ser picado, algún enemigo cobrará venganza.

CHOCOLATE: Tomar chocolate es augurio de felicidad en el seno del hogar; comerlo es presagio de boda de alguien querido.

DADO: La mayoría de las veces el soñar con dados es un aviso para tomar las riendas de nuestra vida y no dejarnos arrastrar por el azar. Si es el soñador quien los juega, debe de cuidarse de chismes en su centro laboral; si sólo ve una partida, pronto será testigo del triunfo de algún amigo.

DEDOS: Los dedos simbolizan en los sueños a la familia, si perdemos uno, un pariente morirá; cuando un dedo nos duele, un familiar caerá enfermo; pero si lo vemos herido y con cortes, es augurio de discusiones en el hogar; un dedo quemado presagia celos; más de cinco dedos en la mano derecha es signo de herencia y en la izquierda, próximo matrimonio o nacimiento.

DELFÍN: Soñar con un delfín es indicio de que andamos por el buen camino que nos conducirá a lograr todo lo anhelado.

DESCONOCIDO: Si soñamos con un desconocido de nuestro mismo sexo y edad, debemos estar atentos debido a que es un reflejo de cómo desearíamos ser. Si lo vemos enojado es augurio de problemas; si es del sexo opuesto y nos resulta atractivo, conoceremos a un nuevo amigo que nos ayudará; si es una persona madura, la ayuda se convertirá en protección y tendremos éxito en aquello que emprendamos.

DESIERTO: Soñarse solo y abandonado en él es fiel reflejo de cómo nos sentimos; sería un buen momento para reflexionar acerca del amor y apoyo que brindamos a quienes nos rodean y si resulta acorde con el que esperamos recibir.

DESMAYO: Si en el sueño nos desmayamos es símbolo de que estamos abusando de los placeres sensuales que a la larga nos dañarán.

DIENTES: Soñar que se pierden los dientes significa, en el hombre, que siente temor a la pérdida de la virilidad y al fracaso, y en la mujer, que siente miedo a dejar de lucir hermosa o a tener un parto difícil. Si soñamos dientes bellos y sanos, probable aumento de fortuna, de buenas amistades y salud; si están sucios, vergüenza en la familia; si tienen mal olor, recibiremos calumnias contra la familia. Los dientes cariados o caídos auguran la pérdida de un pariente; dientes nuevos, crecimiento de la familia; que te los arranquen es señal de poseer amigos interesados.

DINERO: Soñarlo simboliza un fuerte deseo de algo que se aleja de nuestro alcance. Si lo acumulamos, creceremos a todo nivel en nuestra vida; si lo ganamos o perdemos, pagaremos las consecuencias de actos pasados; contarlo augura ganancias en el negocio, y encontrarlo significa que pronto nos faltará.

DORMIR: Si soñamos que dormimos es un aviso de que debemos prestar más atención a todo lo que hacemos.

DURAZNOS: Verlos en un árbol es señal de próximas desavenencias familiares; arrancarlos augura una leve tristeza, y comerlos, la muerte de un allegado.

ECLIPSE: En la mayoría de los sueños con eclipses se puede ver el presagio de terribles desgracias; cuando es de luna, lo que sucederá no traerá consecuencias, pero si es de sol, debemos esperar una muerte en la familia. Algunas veces soñar un eclipse augura el fracaso de algún enemigo. El fin de un eclipse anuncia el inicio de una nueva vida.

ELEFANTE: Sonar con un elefante es un excelente augurio, ya que simboliza fortaleza y larga vida. Si el soñador está enfermo puede esperar próximo restablecimiento; si lo monta, alcanzará el éxito ansiado, contará con el formidable apoyo de alguien poderoso; pero si se ve perseguido por un irritado elefante, ha de temer la acción de un enemigo oculto.

ELEVADOR: Soñar que vamos en uno lleno significa bonanza en los negocios. Si se dirige hacia arriba, nuestra situación se verá favorecida debido a que actuamos con inteligencia, pero si desciende, y además está vacío, tendremos grandes decepciones y pérdidas.

EMBARAZO: Si lo sueña una mujer que no está embarazada indica la necesidad de una relación de pareja estable. Si es un sueño inquietante refleja el temor a las relaciones sexuales, pero si es una pesadilla que culmina en un doloroso parto, el temor es a las enfermedades venéreas. Si un hombre sueña a una mujer de su familia embarazada, es señal de que ella pasará muchas penas.

ENANOS: Si nos dirigen palabras sabias debemos prestarles atención, pues nos serán de provecho.

ENEMIGOS: De la manera que se presentan en nuestros sueños es como debemos interpretarlos; si enfrentándonos a ellos resultamos vencedores, así será en la vida real; si intentan hablarnos, se llegará a una conciliación.

ENFERMERA: Cuando en el sueño nos vemos enfermos, generalmente es por carencia de afecto, así la presencia de la enfermera viene a llenar ese vacío.

EQUIPAJE: Si el soñador prepara su equipaje es símbolo de que habrá un cambio importante en su vida; éste representa todos los medios materiales y espirituales con los que cuenta. Si lo pierde o lo olvida es signo del temor que siente a no poder realizar determinada empresa; si resulta muy pesado, ésta es realmente imposible. Si vemos un equipaje abandonado, alguien llegará a nuestra vida y nos ayudará a evolucionar.

ESCALERA: En general soñar con escaleras es augurio de éxito y triunfo si se sube, y en caso de bajar o detenerse es señal de que hemos culminado y consolidado una etapa en nuestra vida o un proyecto. Si soñamos con una escalera portátil, es augurio de éxitos momentáneos; si es de caracol, nuestros esfuerzos son inútiles; si es fija, el triunfo está asegurado; a mayor altura alcanzada, más gratificantes serán los logros. Sólo si caemos de fea manera es augurio de fracaso. Si pasamos por debajo es símbolo de humillación; si la vemos recargada, algún peligro nos espera; verla caída es señal de próxima enfermedad, pero si la levantamos es señal de mejoría.

ESCOBA: Si en sueños vemos una escoba es señal de que habrá un cambio de posición social o de domicilio; si la usamos, olvidaremos peleas pasadas; si se convierte en bastón, tendremos conflictos con nuestra pareja. Si barremos la calle siendo observados es símbolo de temor a no ser queridos.

ESPEJO: A través del espejo podemos conocernos. Si en sueños el espejo no refleja nuestra imagen o luce distorsionada, es un buen momento para analizar qué deseamos cambiar de nuestra persona: si la imagen es mejor, necesitamos ser humildes. Si está roto, augura desgracias; empañado, problemas que sabremos solucionar; limpio y brillante, es símbolo de que no debemos temer inútilmente. Si al mirarnos refleja a otra persona, pronto romperemos con ella.

ESTRELLAS: Si en sueños vemos brillar estrellas en el cielo es el mejor presagio de fortuna y felicidad; sólo si las vemos caer o lucen descoloridas hemos de temer desgracias. En jóvenes enamorados, verlas refleja su anhelo de amor correspondido.

FÁBRICA: Cuando la soñamos funcionando es augurio de triunfante economía, pero si la vemos cerrada, nuestra fuente de trabajo peligra. Si el soñador aparece como dueño de una fábrica es augurio de grandes beneficios.

FAMILIA: Si cuando uno sueña ve a toda su familia paseando o en una reunión es augurio de paz y bienestar.

FANTASMA: Si el soñador ve al típico fantasma cubierto con una sábana blanca, es buen augurio de salud y felicidad; si quien se aparece es algún familiar muerto, nos advierte que algún peligro acecha. Si el fantasma viste de negro, será víctima de traición.

FERIA: Si el soñador se ve en una feria es símbolo de conflictos económicos y familiares.

FIESTA: Soñarnos como partícipes de una fiesta es un terrible augurio de épocas difíciles. Si es uno quien la ofrece, alguien nos quiere perjudicar con sus chismes.

FLORES: Las flores simbolizan el amor, el placer, la belleza y lo fugaz de la vida. Si el soñador ve flores expresa su deseo de encontrar un alma gemela; si las corta, iniciará una relación correspondida; si le son entregadas por alguien, su amor es sincero y bienintencionado. Si sólo las olemos, debemos estar atentos, una buena oportunidad de amor se nos escapa. Si vemos flores marchitas, así está nuestro corazón por un desprecio; si son artificiales, tendremos un romance pasajero.

FOTOGRAFÍA: Si fotografiamos a un ser querido, deseamos conservarlo por siempre a nuestro lado; si miramos con nostalgia viejas fotos, expresa nuestro temor a un presente que nos disgusta; si miramos una foto nuestra es el reflejo de cómo somos o cómo desearíamos ser. Si en el sueno regalamos o alguien nos regala su fotografía es símbolo de mutua simpatía; pero si la rompemos o quemamos pronto tendremos con esa persona conflictos irreconciliables.

FRESAS: A través de una linda mujer conoceremos el amor.

FRIJOL: Soñar que los vemos o comemos es mal augurio de contrariedades.

FRÍO: Soñar que sentimos frío pero que no lo hace es signo de larga vida. Si es invierno augura buen año, si es otra estación temamos enfermedad.

FRUTAS: Soñar con frutas en su época es símbolo de gran abundancia y placeres que conseguiremos sin esfuerzo; si está verde, aún no estamos listos para disfrutarlos; si está podrida, llegarán demasiado tarde. Si las frutas soñadas no son de temporada, cuidémonos de escándalos y enfermedades.

FUEGO: El fuego es símbolo de fusión entre lo espiritual y lo intelectual, también de las pasiones como el amor y el odio. Si el fuego soñado es pequeño y sin humo, expresa el deseo de ternura y augura salud, paz y felicidad. Si por el contrario es fuerte, fuertes serán también las peleas que nos ocasionarán grandes pérdidas a todo nivel. Si el fuego produce mucho humo, nos amenazan traiciones y enfermedad. Si somos víctimas de un incendio es signo de miedo a afrontar una situación deshonesta y si lo afrontamos, pronto alcanzaremos nuestra meta más difícil.

GALLINA: Si el soñador ve muchas gallinas en un corral será víctima de chismes que le harán daño; si es blanca y la ve poniendo huevos y empollando, le esperan pequeños beneficios; si por el contrario es negra, una lluvia de problemas le quitarán el descanso; si cacarea es señal de próximos conflictos familiares; si está rodeada de sus pollitos, se cuidará de pérdidas; si la atrapa, acrecentará honestamente sus bienes; si come su carne, le pagarán una deuda. Si el soñador pone un huevo bajo una gallina y ve salir un pollito, tendrá un buen hijo que será su orgullo.

GALLO: Si nos ataca tendremos conflictos en el hogar debido a celos. En general es excelente augurio de la próxima realización de nuestros más grandes anhelos.

GATO: El gato representa la sensualidad y astucia femeninas. Si el soñador ve un gato haciéndole caricias es señal de que una mujer utilizará todos sus recursos y artes para dominarlo; si logra ahuyentarlo, dicha mujer no conseguirá lo que se propone; si lo alimenta, pronto tendrá peleas con su pareja. Si el gato lo araña es símbolo de infidelidad; si ve un gato blanco, un amigo le traicionará; si es negro, problemas amorosos y mala suerte sin fin le esperan; si está rabioso, tendrá que cuidarse del ataque de ladrones. Si ve dos gatos peleando, verá una pelea entre rivales, pero si quien sueña es hombre, y' ve un gato salvaje, conocerá a una independiente y fabulosa mujer a la que sólo con dulzura conquistará.

GEMELOS: Soñar con hijos gemelos es símbolo de abundancia.

GERANIOS: Algún ser querido va por mal camino y debemos corregirlo.

GENTE: Si quien sueña se ve atrapado en medio de una multitud es símbolo de su temor para enfrentar la vida; si se quiere acercar a alguien perdido entre mucha gente, desea ganarse su afecto; si se ve mucha gente vestida de negro, es augurio de malas noticias.

GIRASOL: Soñar con un girasol es una invitación a no perder de vista nuestro objetivo en la vida.

GOLONDRINA: Soñar con golondrinas es el mejor augurio de felicidad en el hogar. Si quien la oye cantar es un joven soltero, pronto conseguirá una buena y bella esposa; si es casado, logrará un brillante porvenir para sus hijos. Si una golondrina entra y anida en su casa, la felicidad reinará plenamente, y nunca faltarán en su seno niños ni enamorados. Si se la ve partir, alguien de la familia se alejará por un tiempo; si llega es augurio de buenas nuevas de seres queridos ausentes.

GORDO: Si se ve un gordo en sueños es símbolo de salud para un enfermo; si es uno quien engorda, es buen augurio de abundancia.

GORRIÓN: Si soñamos con gorriones es un aviso para cuidarnos de gente aprovechada que nos rodea con malas intenciones.

GRANIZO: El granizo es terrible presagio de calamidades que serán de la misma magnitud que en nuestro sueño.

GRASA: Soñar con grasa nos advierte contra nuestra actitud ambiciosa que nos traerá problemas.

GRILLO: Si en sueños lo oímos cantar es el mejor augurio de paz y felicidad en el seno del hogar.

GUANTES: Si soñamos con guantes nuevos es augurio de felicidad; si están viejos o rotos anuncian problemas; si se nos caen, pronto tendremos fuertes discusiones; si los perdemos es símbolo de una buena oportunidad que se nos escapa; si los compramos, alguien querido nos visitará.

GUISADO: Verlo o comerlo es una invitación a cumplir con nuestras obligaciones, que hemos tenido algo descuidadas hasta ahora.

GUITARRA: Tocar la guitarra señala el deseo de ganarse el amor de la persona elegida.

GUSANO: Soñar con gusanos es augurio de problemas causados por falsas amistades que sólo quieren perjudicarnos, excepto por la oruga, que es símbolo de trasformación en un ser superior.

HABAS: Aunque la tradición afirma que soñar con habas es augurio de riñas, para los esposos es feliz presagio de la llegada de un varoncito.

HABITACIÓN: Si en el sueño, el ambiente de la habitación luce agradable es augurio de armonía familiar y con la pareja; si es lóbrego y húmedo es reflejo del temor a volver a un pasado de dolor; si no tiene puertas ni ventanas, es símbolo de incomunicación y falta de voluntad para luchar. Si en la habitación se está acompañado, esa amistad se hará más firme; si el durmiente es soltero es augurio de futuro enlace matrimonial. Si no es la propia habitación es un aviso para no dejarse llevar por nadie en todo lo que se emprenda.

HACHA: El hacha simboliza el poder, el valor y la seguridad para vencer los obstáculos que se nos presenten en la vida.

HADA: Soñar con un hada es un excelente augurio, algún deseo irrealizable se hará realidad.

HAMBRE: Si soñamos que pasamos hambre es señal de que en el pasado hemos sufrido penurias y que sentimos temor de que vuelvan, pero si logramos satisfacer nuestra necesidad es augurio de buena fortuna.

HARINA: Soñar con harina es símbolo de riqueza y señal de que nada nos faltará para vivir con comodidad; si es mucha, mucha también será nuestra fortuna y deberá serlo nuestro juicio y discernimiento.

HERIDAS: Soñar que estamos heridos es símbolo del temor que sentimos a ser lastimados emocionalmente. Si el soñador hiere a alguien es una invitación a olvidar recelos infundados contra alguien de la familia.

HERMANO: Aunque soñar con los propios hermanos es símbolo de apoyo y comprensión, en muchos casos, en los sueños, al hermano se le adjudican los propios temores y deseos inconfesables. Es como mirarse en un espejo y descubrir las debilidades que debemos combatir.

HIELO: Soñar con hielo es presagio de buena cosecha para los campesinos y malos negocios para los comerciantes. Cubos de hielo en un vaso auguran una temporada provechosa; pero si es un río o laguna el que se ve congelado es anuncio de enfermedad. Si el soñador es un militar tendrá que evitar, a toda costa, riñas que le traerán enemistades.

HIERBA: Soñarse acostado cómodamente sobre la hierba fresca es una invitación a buscar una vida plena de libertad, alejándose de normas caducas; si la hierba está seca, la lucha deberá ser intensa. Si el soñador recoge y come hierba es excelente augurio de incremento de riqueza.

HIGO: Si se sueña comiendo higos, alguien cercano le ama locamente. Si los sueña en su temporada auguran épocas de bonanza, si no, presagian terribles pérdidas.

HILO: El hilo tanto une como enreda, así como cuando lo sueñe la interpretación se hará de acuerdo a lo que se haga; si está enmarañado y lo corta, así "cortará" con complicados problemas; si es de oro o plata, es augurio de éxitos logrados por su actuación hábil y sutil; si está en un carrete predice pobreza.

HOGAR: Soñar con el propio hogar recuerda la necesidad de volver a la vida familiar pacífica y tradicional.

HOJAS: Si en sueños vemos brotar hojas nuevas a un árbol, un nuevo ser bendecirá nuestra casa; hojas verdes son símbolo de prosperidad; caídas y secas auguran enfermedad y conflictos.

HORMIGAS: Las hormigas simbolizan la organización y el trabajo incansable; si en sueños las ve en cantidad, sus proyectos serán tomados en cuenta y tendrá el apoyo necesario; si invaden su casa, miles de pequeños problemas complicarán su existencia; si se suben por los muebles, su familia crecerá; cuídese si las ve poblando su rostro porque auguran un peligroso accidente que le traerá consecuencias.

HOSPITAL: Si soñamos un hospital estando sanos, personas cercanas nos causarán problemas, si visitamos a un amigo internado es excelente augurio de beneficios económicos, pero si entramos al hospital sin ningún motivo, es un aviso para abandonar algún negocio dudoso.

HOTEL: Soñar que se vive en un hotel refleja nuestro íntimo deseo de una vida lujosa; si lo administramos, lo que se anhela es poder; si nos perdemos en él, es símbolo del temor a enfrentarnos a situaciones nuevas.

HUEVOS: Soñar con huevos revela el deseo de formar una familia y tener hijos; si se los sueña rotos, revelan el temor a ver frustrados nuestros anhelos; si sueña huevos duros, recibirá malas noticias; si los come crudos, cuídese de no caer en lujuria; si los vende, obtendrá beneficios de una naciente empresa.

HUMO: Soñar un humo denso, que enceguece, le previene contra enemigos ocultos que buscan perjudicarle; si es ligero y azul, sus fantasías se realizarán. El humo, producto de un incendio, anuncia que pronto estaremos libres de alguien muy molesto. Si lo vemos saliendo de una casa es augurio de una época de calma en la que no debemos confiar.

IGLESIA: Si en sueños entramos a la iglesia es un hermoso augurio de esperanzas que veremos realizadas, de la misma manera puede ser indicio de protección femenina. Si la vemos a la distancia anuncia desilusiones, si estando en ella nos vemos distraídos, es un llamado a prestar atención a lo que sucede en nuestra vida; si vemos gente entrando a la iglesia recibiremos la agradable visita de un ser querido.

INCENDIO: A veces soñar con un incendio es aviso de un peligro real para el durmiente. Estar en un incendio suele ser reflejo de una pasión violenta que nos traerá conflictos. Si se incendia su propia casa es presagio de pérdidas económicas; si lograra apagar el incendio, su actual situación se verá favorecida gracias a su esfuerzo.

INFIERNO: Si soñamos que estando en el infierno no sentimos dolor ni calor, es presagio de gran adversidad; si logramos salir de él significa que obtendremos conocimiento y sabiduría útiles en la vida.

INUNDACIÓN: Soñar una inundación es un aviso para que no nos dejemos arrastrar por las pasiones. Si la vemos de lejos augura abundancia y riquezas, si es uno el causante, hemos de cuidar nuestra fortuna.

INVIERNO: Si en el sueño vive un invierno muy frío es augurio de enfermedad y tiempos difíciles; si por el contrario, el frío no nos afecta, el mensaje es cuidar nuestros negocios. Si sólo se sueña estar en invierno, se nos invita a meditar nuestra actual situación y planificar organizadamente el porvenir.

ISLA: Soñar con una isla hermosa y paradisiaca refleja nuestro deseo de huir de la realidad y las responsabilidades. Si la isla es siniestra simboliza una gran timidez, pero si está poblada lo que expresa es nuestra necesidad de amistad y compañía. Tradicionalmente se dice que, en todos los casos, soñar con una isla es augurio de largo y divertido viaje.

JABÓN: Si soñamos con jabón de cualquier especie es un excelente augurio, puesto que pronto veremos claros nuestros problemas y podremos darles solución.

JAMÓN: Si le obsequian jamón al soñador y éste lo come, pronto verá realizadas sus aspiraciones; si algo se lo impide le sobrevendrán problemas difíciles; si lo vende verá aumentada su familia y fortuna.

JARDÍN: Soñar con un jardín es un excelente reflejo de nuestra personalidad, si lo vemos organizado y prolífico, somos seres armoniosos y de provecho; si por el contrario es árido, nada bueno tenemos que ofrecer. Si cultivamos un jardín crecerá nuestra fortuna; si lo vemos cerrado es reflejo de pureza; recién regado es presagio de embarazo.

JARRA: Soñar con una jarra, jarrón o vaso, de buena hechura y que contenga agua, vino o aceite, es un excelente augurio de abundancia de cosas que nos beneficiarán.

JAULA: Una jaula llena es símbolo de amor realizado, y vacía, anuncia tristezas de amor. Darle libertad a un pajarillo es el mejor augurio de felicidad conyugal.

JAZMÍN: Si se sueña un jazmín blanco es símbolo de lealtad y felicidad.

JIRAFA: Soñarla anuncia que se recibirán buenas nuevas de un ser querido.

JITOMATE: Verlos en sueños es aviso de noticias esperadas, comerlos augura una envidiable salud.

JOROBADO: Si en sueños nos topamos con un jorobado es símbolo de buena suerte; si es una mujer quien posee la joroba es mal presagio; si es uno mismo, debemos cuidarnos para no hacer el ridículo.

JOYAS: Soñar con joyas es una forma de prevenirnos contra sinsabores; de oro, contra el orgullo; de plata, contra las mujeres; falsas, contra la vanidad. Una joya rota augura conflictos; sucia, pérdidas en los negocios; perdida, es un llamado a cuidar nuestros bienes; halladas, próximas tentaciones; compradas, pérdida de dinero; obsequiada, nos invita a no pedir préstamos. Si vemos joyas tendremos un negocio ventajoso; si las usamos, seremos víctimas de maledicencias; si las extraemos de un cofre es augurio de riquezas.

JUEGO: Si el soñador se ve involucrado en juegos de niños refleja su deseo de escapar de la vida real; si participa en juegos de azar y pierde, verá aliviadas antiguas dolencias. Si sueña que compite en juegos de cálculo y destreza —como el ajedrez— sólo será buen presagio si gana tras arduo esfuerzo.

JUEZ: Si en sueños vemos un juez, o somos juez o jurado, refleja nuestra incertidumbre ante determinada situación que no consideramos grave. Si asistimos a un juicio justo, tendremos prósperos negocios; si participamos en un mal juicio, pronto nos veremos involucrados en un terrible conflicto.

LANGOSTAS: Soñar con langostas de mar es un buen augurio de diversión familiar y bienestar económico.

LÁPIZ: Sus ilusiones no se verán realizadas.

LÁTIGO: Si el soñador agrede a alguien con un látigo es presagio de problemas causados por su abuso de poder; si él fuera la víctima, quiere decir que pronto se verá humillado.

LAUREL: Es un sueño muy valioso puesto que el laurel simboliza la inmortalidad. Si nos vemos coronados de laurel, portamos en la mano una ramita, o aspiramos su aroma, es augurio de victoria en cualquier aspecto de nuestra vida y de bienestar en el seno del hogar.

LAVAR: Soñar que nos lavamos es, según la tradición, una invitación a estar preparados para ayudar a un amigo que próximamente nos necesitará. Si lavamos obsesivamente nuestras manos y cuerpo, queremos borrar una culpa que no nos deja vivir; si lo que lavamos es ropa de cama, queremos ocultar alguna relación indecorosa. Si lavamos ropa, ya sea en el lavadero o en un aparato eléctrico, muy pronto "haremos las paces" con una persona amiga con la que nos mostrábamos distantes.

LECHE: Soñar que bebemos leche es un agradable presagio de abundancia, conocimiento y fecundidad; si se ve a una mujer con los pechos henchidos de leche es signo de próximo y feliz embarazo para ella; si la derramamos, augura pérdidas y desdichas; si está agria, debemos cuidarnos de conflictos en el hogar, y si la vemos en algún recipiente pronto entablaremos una nueva amistad. Si soñamos con una lechería es señal de un deseo ardiente e inconfesable.

LECHUGA: Es un pésimo sueño; tanto si vemos la lechuga como si la comemos, augura salud, alegría y buena situación económica, en las que no debemos confiar pues durarán muy poco, dando inicio a una mala racha.

LECHUZA: La lechuza, al igual que el búho, es un ave nocturna de mal agüero; verla u oírla gritar en el sueño es terrible presagio de desgracias y muerte para un ser querido. Una tradición más optimista afirma que si la soñamos debemos estar atentos a consejos de los amigos.

LEER, LECTURA: Si nos soñamos leyendo es señal de que un secreto será develado o realizaremos un hallazgo; suele decirse que deseamos conocer más íntimamente a una persona y ver en ella "como en un libro abierto"; si es un libro, su contenido o importancia en nuestra vida nos ayudarán a descifrar el sueño; si es una carta, pronto recibiremos noticias; si leemos el periódico, no tardaremos en saber cómo nos irá en la empresa que iniciamos.

LEGAÑAS: Soñarnos legañosos o que alguien lo está es señal de malas noticias de un amigo querido.

LEGUMBRES: Ver legumbres en un sueño es mal augurio de pequeños y molestos problemas en el hogar; si estuvieran en una huerta presagian tristeza; si las vemos sueltas y dispersas por cualquier lugar pelearemos con algún amigo.

LENTEJAS: Si soñamos lentejas es señal de que algún egoísmo propio o ajeno nos perjudicará.

LEÑA: Verla apilada anuncia buenas nuevas de un allegado enfermo; cargarla es signo de que por ahora los problemas no nos abandonarán. Si sueña que usted es un leñador, su trabajo le dará grandes complacencias.

LENGUA: Si en el sueño poseemos una lengua larga y gruesa, augura pesares causados por ser tan parlanchines; si nos jalan la lengua, nos enfrentaremos a alguien; si nos la mordemos, debemos medirnos al hablar: "tu silencio lo dice todo"; intentar hablar sin lograrlo es la mayor evidencia de timidez.

LEÓN: El león simboliza la fuerza, el poder, la sabiduría, la justicia y el orgullo masculino, es frecuente que aparezca en sueños de hombres maduros, cuando tienen que probar su energía y control como padres, maestros, magistrados o jefes. Soñar con una familia de leones es presagio de unión y alegría familiar; uno solo representa a un protector poderoso; ver a varios, le indica que puede asociarse con quien tenía planeado. Enfrentarse a un león, matarlo, vencerlo o hacerlo huir es símbolo de superioridad sobre sus enemigos. Cuídese si resultara perdedor.

LEOPARDO: Al igual que el león, simboliza el poder masculino, pero en su vertiente negativa, pues el leopardo ataca a traición. Si lo sueña cuídese de extraños y falsos amigos. Si usted se ve convertido en este animal, no olvide la importancia de la lealtad.

LIBÉLULA: Por su fragilidad y ligereza simboliza la inconstancia; soñarla nos invita a reflexionar sobre la actitud que tenemos en cada momento de nuestra vida.

LIBROS: Cuando soñamos con libros generalmente reflejamos en ellos nuestra propia vida, su pasado, presente y futuro. Un libro cerrado o escondido simboliza un episodio de nuestra vida pasada que preferimos mantener oculto; si le faltan páginas, algo que escondíamos como gran secreto saldrá a la luz; si los vemos tirados o empolvados, es una invitación a terminar los proyectos iniciados. Si sueña con libros piadosos es augurio de buena salud; rotos, son signo de alguna cosa indeseable que nos molesta; libros nuevos son una invitación a iniciar con ánimo una etapa distinta en nuestra vida.

LICOR: Soñar con licores refleja nuestro deseo de libertad para gozar de los placeres que nos brinda la vida. Si es de buen sabor presagia dulces experiencias; si es de mala calidad, viviremos ratos desagradables.

LILAS: Si se es joven reflejan las primeras experiencias amorosas; si quien las sueña es una persona madura es presagio de excelentes negocios con una persona desinteresada; también suelen avisar que llegará un compromiso que le traerá felicidad.

LIMÓN: Soñarlo augura amargos momentos, generalmente pasajeros, que perjudicarán nuestra salud, pero que nos dotarán de mayor fuerza espiritual; preparar agua de limón presagia contrariedades, y beberla es vaticinio de muerte.

LIMOSNA: Pedir limosna suele ser augurio de felicidad y enriquecimiento con los que no contábamos; darla es de mala suerte, nuestro empleo corre peligro o alguna empresa en la que estábamos esperanzados fracasará. Para un profesional tanto pedirla como darla presagia adquisición de nuevos conocimientos.

LIRIO: El lirio simboliza la pureza y en sueños representa al ser amado; si lo sueña en su época de florecimiento es presagio de paz y dulce felicidad; si no es su temporada, espere pérdidas y contratiempos.

LISTÓN: Según el tamaño que éste tenga en sus sueños serán los problemas que le esperan.

LOBO: Al soñar con lobos debemos cuidamos de falsos amigos que con artimañas sólo esperan causarnos mal; si nos enfrentamos a él, dependiendo del resultado, será nuestra victoria o derrota en la vida real. Se dice que tener miedo de un lobo soñado anuncia la pérdida del habla.

LOCO: Si uno sueña que se vuelve loco es símbolo de una gran cordura; si lo sueña una joven soltera, habrá próxima boda; si es una mujer casada presagia que tendrá un hijo que la llenará de orgullo.

LORO: Soñar con loros es vaticinio de que pronto seremos víctimas del chisme y las murmuraciones. Es común afirmar que este sueño augura buenas nuevas de un amigo enfermo.

LOTERÍA: Aunque soñar que la jugamos expresa nuestro deseo de ganar dinero fácil, no saldría sobrando comprar un billete.

LOTO: Soñar con una flor de loto es de buena suerte a todo nivel, ya que presagia firmeza, prosperidad, felicidad conyugal y fecundidad.

LUCHA: Si se sueña enfrentándose a alguien esto simboliza las contrariedades a las que se ha de enfrentar en la vida; el desenlace será el mismo en la realidad. Si se enfrenta a un conocido pronto sabrá de un falso amigo que a sus espaldas le hacía mal.

LUCIÉRNAGA: La luciérnaga simboliza lo espiritual: todos tenemos algo luminoso que nos guía. Soñarla presagia satisfacciones y felicidad que nos llenarán el espíritu. Si este sueño coincide con algún afán exacerbado de dominio es un aviso para que no olvidemos que todos tienen un alma que merece ser libre.

LUNA: La luna es la diosa nocturna, es quien determina los ritmos de la naturaleza: de las aguas, lluvias, fecundidad, vegetación y los ciclos menstruales; simboliza lo femenino, el amor y el romanticismo. Cada mes, como la luna muere y renace después de tres días, representa también el cambio, el reflujo de energías y la renovación. La luna nueva es signo de un amor naciente e inseguro; en cuarto creciente nos habla de un amor terriblemente apasionado; la luna llena presagia la entrega total de la pareja amada, un amor sin límites ni barreras; y en cuarto menguante significa que el amor ha madurado y se abre una culminante posibilidad de ser padres. Un paisaje iluminado por la luna nos habla de amor y romance; rodeado por un halo, refleja gran tristeza; si se destaca sobre un cielo negro, es siniestro augurio de muerte; posada sobre una extensión de agua, predice un largo viaje. Una luna llena, exageradamente blanca, es un aviso de matrimonio; si brilla y centellea en exceso, el soñador saldrá triunfante de asuntos que le angustiaban; si se ve rojiza, cuídese de extraños peligros, pero si hay un eclipse lunar del que no vemos su final, los conflictos amorosos tendrán su desenlace en una triste ruptura.

LUNAR: Soñar que tenemos un lunar en la cara es un horrible presagio de chismes y maledicencias por parte de falsas amistades.

LUZ: La luz representa la conciencia, el conocimiento, la revelación y claridad de ideas. La oscuridad, la confusión y la incertidumbre. Un sueño con una luz brillante y clara que nos da una excelente visión del panorama es señal de gran seguridad en nosotros mismos.

LLAGA: Soñarnos llagados presagia pérdida de dinero.

LLAMADA: Si en sueños oímos una voz que nos llama es tristísimo presagio de muerte para algún ser querido; si quien nos llama es una persona importante augura prosperidad y elevación; si es por teléfono, suele ser un aviso para no olvidar un asunto que hemos dejado pendiente. Si nosotros llamamos a alguien conocido es señal de peligro para él.

LLAMAS: Soñar con llamas es una invitación a no abusar de nuestro cuerpo, a cuidar el corazón y los pulmones evitando todo tipo de excesos.

LLANO O LLANURA: Este sueño es como llegar al paraíso, simboliza la felicidad sin límites; es un agradable presagio de riqueza y prosperidad en todos los aspectos.

LLAVE: Una llave nos permite abrir y cerrar, entrar y salir; en sueños simboliza la posibilidad de adquirir un conocimiento, de liberación, pero también de represión. Si se abre una puerta con la llave presagia la entrada a una situación nueva en nuestra vida; poseer un llavero bastante cargado significa que adquiriremos muchos bienes y grandes conocimientos; si la llave no gira señala que tendremos problemas para obtener lo que ansiamos; rota o perdida, los conflictos nos impedirán realizar nuestros deseos. Si abrimos una puerta y vemos a alguien del sexo opuesto es presagio de matrimonio, pero si la cerramos expresamos la necesidad de mantener un secreto o sentimiento oculto. Si sólo vemos una llave, pronto hallaremos inesperada solución a un problema más, si la encontramos, tendremos una intrascendente aventura amorosa.

LLORAR: Las lágrimas simbolizan lluvia y fertilidad, por eso llorar en sueños presagia gran felicidad para el durmiente. Si se llora en silencio es señal de que un acontecimiento nos llenará de contento; si el llanto causa cansancio, augura feliz desenlace a un problema; si lloramos la muerte de algún conocido, alguien perteneciente a su familia morirá. Si muchas personas lloran presagia una catástrofe pública que, por suerte, no nos afectará.

LLUVIA: La lluvia cae del cielo, por tanto es siempre símbolo de bondad e influencia divina, de fertilidad y purificación de sentimientos. Una lluvia suave augura ganancias en los negocios; abundante, felicidad para los humildes; buena temporada para los campesinos; si es lenta y continua, presagia un gran beneficio que tardará en llegar. Un aguacero que nos impide actuar es señal de problemas que hemos de solucionar para poder alcanzar lo ansiado. Si llueven piedras debemos preparamos para conflictos y tristezas que nos agobiarán; pero si no hallamos refugio en un chaparrón, alguien nos causará daño y sufrimiento.

M

MACETA: Soñar con macetas es una preciosa señal de amor y comprensión.

MADERA: En general soñar con madera augura que no nos faltará trabajo si sabemos poner el esfuerzo debido. Si la soñamos como ramas secas, presagia enfermedad y tristezas; si las ramas están atadas y las cargamos a la espalda, lo que vaticina son trabajos pesados y mal pagados; si la vemos lista para ser trabajada es un fabuloso sueño de felicidad y riqueza.

MADRE: La madre es el mayor símbolo de vida y muerte, es principio y fin, así como nutrición, protección, seguridad y opresión. Salir de su vientre es nacer, morir es volver al seno de la madre tierra. Excepto cuando somos niños y nuestra madre es el sol en torno al cual gira nuestra vida, sonar con ella expresa una situación importante que necesita solución. Si viajamos con nuestra madre expresa el deseo de recuperar fragmentos olvidados de la infancia que nos ayudarán a entender el presente; si oímos que nos llama, es señal de tristeza por su ausencia o culpa por un error pasado; si discutimos fuertemente, sentimos una gran necesidad de independencia. Si en sueños vemos a nuestra madre muerta, no estándolo, es aún mayor el ansia de escapar de sus dominios, pero sólo en algún aspecto determinado de nuestra vida, en el que nos pesa su intromisión. Si soñamos que mantenemos relaciones incestuosas no debemos escandalizarnos, puesto que sólo significa que estamos temerosos y necesitamos que nos proteja y brinde sus caricias como cuando éramos niños. Si platicamos alegremente con ella es que recibiremos buenas nuevas de un ausente.

MADRESELVA: Soñarla augura próxima boda de una amistad querida.

MAESTRO: Soñar que hablamos con un maestro señala nuestra necesidad de un consejo que nos sacará de problemas; si por el contrario es uno mismo el maestro, expresa anhelos de conocimiento y superación personal.

MAGIA: Si sueña con un mago o en un acto de magia, refleja su deseo de resolver con un milagro un problema sin solución posible.

MAGNOLIA: Soñarla nos avisa que conoceremos a una bella y fina persona.

MAÍZ: Este sueño vaticina prosperidad y crecimiento familiar.

MALVA: Soñar con malvas es presagio de riqueza generalmente debida a la herencia de un pariente.

MANCHAS: Los sueños con manchas son eminentemente juveniles y revelan el temor a la sexualidad que, debido a la poca información que manejan del tema, lo relacionan con impureza. Si un adulto sueña con manchas causadas por la humedad o el tiempo, significa que un hecho del pasado le está trayendo consecuencias en el presente; manchas en el vestido es símbolo de gran dolor y tristeza.

MANDARINA: Si en sueños ve o come mandarinas indica un anhelo de superación al que le hace falta una buena dosis de esfuerzo.

MANDÍBULA: Ver o hallar una mandíbula completa es señal de riquezas; una destrozada augura enfermedad o muerte de un allegado. Si se sueña a una persona de gran mandíbula, del mismo tamaño es la fuerza de voluntad y el ardor del durmiente.

MANDIL: Una mujer que se sueña con mandil recibirá piropos y seductoras proposiciones de un galán caballero; si fuera un hombre el que tuviese ese sueño, será humillado en público.

MANOS: La simbología de las manos suele ser la misma en la vida real y en los sueños; se dice que la mano derecha representa lo racional, lo lógico y masculino, es la mano del poder, la que otorga, mientras que la izquierda señala lo inconsciente, pasivo y femenino, la que recibe. Una mano con un ojo es señal de sabiduría; si son grandes y bellas auguran éxitos; pequeñas y feas, fracaso e impotencia; manos blancas y limpias, éxito fácil sin esfuerzo; callosas, triunfo producto de mucho trabajo. Si sueña con manos peludas es signo de una imaginación sórdida, pero también de decaimiento en el trabajo; entrelazadas reflejan mucha tensión emocional; cortada, pérdida de una buena

amistad. Mirarse las manos presagia tanto enfermedad como perpleji-
dad y lavárselas denota preocupaciones.

MANTA: Tendremos el apoyo económico de nuestros padres.

MANTEL: Un hermoso y limpio mantel, cubriendo la mesa, es augurio
de prosperidad en el hogar; sucio y roto, presagia problemas causados
por nuestra negligencia.

MANTECA: Comer manteca en nuestros sueños augura relativa calma
alternada con leves conflictos. Si guisamos con ella, contamos con el
cariño de nuestras amistades.

MANTEQUILLA: Soñarla es excelente augurio para los intereses económicos del durmiente, pues verá aumentarse fácilmente sus bienes; batir-
la anuncia herencia o nacimiento; comerla es señal de que recibiremos
un beneficio con el que no contábamos; verla significa que crecerán
nuestras riquezas proporcionalmente a la cantidad que miremos.

MANZANA: La manzana simboliza la totalidad debido a su redondez,
los placeres terrenales, la felicidad, el amor, el conocimiento y la inmortalidad. Soñar que comemos una manzana madura y sabrosa expresa
nuestra preferencia por lo material, que nos dará una plenitud bastante
superficial. Si esta fruta estuviera verde pasaremos grandes trabajos y
penalidades; si está demasiado madura seremos víctimas de engaños
y desengaños. Ver una manzana muy roja anuncia el triunfo en el amor;
verde, peleas; muy madura, se cumplirán nuestras esperanzas. Dar o
recibir una manzana roja anuncia feliz matrimonio. Recogerlas de un
árbol es símbolo de beneficios.

MAÑANA: Los sueños que trascurren en la mañana o al amanecer son
presagio de un hermoso y esperanzador porvenir. Una mañana fría
y nublada señala que el soñador pasa por una etapa de gran depresión y
desconfianza en el futuro.

MAPA: Soñar con mapas nos invita a reflexionar sobre nuestra vida actual para saber por qué estamos insatisfechos.

MAQUILLAJE: Si en el sueño nos maquillamos o vemos que alguien lo
hace es una invitación a cuidar nuestro aspecto exterior para lucir siempre mejor. Si el maquillaje es exagerado o nos disgusta, lo que delata es
traición, engaño e hipocresía.

MÁQUINAS: Son siempre símbolo de trabajo y laboriosidad. Si funcio-
nan bien auguran éxitos; si se detienen es que veremos retrasados nuestros proyectos; si fallan es terrible presagio de fracaso.

MAR: El mar simboliza las pasiones y los instintos primitivos, su actitud
en el sueño es fiel reflejo de lo que ocurre en nuestra vida interior. Un
mar en calma refleja una vida sin alteraciones, sin nada que temer; si su
color es bello y sobre él brilla el sol, presagia éxitos; si aparece agitado,

así nos sentimos interiormente, lo que nos traerá grandes conflictos; si está enfurecido, al durmiente se le pronostica todo tipo de traiciones e infidelidades que le llevarán a la ruina emocional, de la que sólo se verá librado si en el panorama se vislumbra una luz. Si se sueña cayendo en el mar es anuncio de desgracias causadas por un desenfreno de pasiones. Si nos hundimos expresa nuestra debilidad y resignación ante las dificultades; pero si logramos salir a flote significa que luchamos sin cansancio contra todo. Si navegamos en un mar alterado es que nos dejamos arrastrar hacia una situación peligrosa aún sabiendo el riesgo que corremos, pero si caminamos sobre él pronto hallaremos solución a nuestros problemas.

MARGARITA: Esta flor es símbolo de pureza e inocencia, soñarla es buen augurio de felicidad y promesas de amor; deshojarla presagia amores pasajeros.

MARIPOSA: La mariposa, por su fragilidad y su ligero vuelo, simboliza la inconstancia, volubilidad e imprudencia, pero también, por su mágica trasformación de oruga en un ser exquisitamente bello, representa el renacimiento en un ser superior. Soñar con mariposas refleja nuestra ligereza que puede ser debido a ingenuidad, si es blanca; a ignorancia, si es amarilla; si es roja, nos dejamos arrastrar por las pasiones, y si es azul, por un falso y cursi romance. Si soñamos una mariposa nocturna, se interpreta de dos maneras, nuestras actitudes son consideradas inmorales y nos perjudicarán o recibiremos tristes noticias que no dejaremos de lamentar.

MARIQUITA: Este curioso y colorido insecto sólo puede ser augurio de gran contento y buenas nuevas.

MÁRMOL: El mármol representa la frialdad y la duración; en el campo del romance soñarlo suele coincidir con un amor que pese a haber iniciado lejano y difícil, al final es ejemplo de solidez. Si ve figuras o monumentos de mármol espere conflictos y pleitos con los que no contaba, es una invitación a actuar con frialdad, midiendo sus pasos en cada acto. Si el soñador tiene preocupaciones económicas es augurio de herencia, acompañada de larga y solitaria vida. Suele decirse que soñar con una persona conocida del sexo opuesto como una estatua de mármol es símbolo del gran amor e interés que sentimos por ella.

MARTILLO: El martillo representa la fuerza masculina y creadora, la laboriosidad, el esfuerzo y la justicia; cuando lo soñamos algún trabajo o negocio en cierne nos procurará ganancias luego de grandes jornadas sin descanso. También suele interpretarse como nuestro deseo de integrar a una persona a cierto grupo que la mantiene marginada.

MÁSCARA: Si nosotros llevamos una máscara es que tenemos algo que nos avergüenza y que queremos ocultar; si nos miramos al espejo portando una, es porque también a nosotros mismos quisiéramos ocultarnos lo que acontece. Si son otros los enmascarados debemos cuidarnos de traiciones, pues conocidos confabulan en nuestra contra.

MATRIMONIO: El matrimonio es la unión de dos seres; en la adolescencia este sueño expresa la necesidad de ver reunidas las facetas opuestas de nuestra personalidad (lo masculino y femenino, pasivo y activo, consiente e inconsciente, instinto y razón) para consolidarnos como personas equilibradas e íntegras. En la madurez puede reflejar el deseo de contraer nupcias, pero si estando casados soñamos enlazarnos con alguien, puede significar que sentimos gran interés en unirnos a esa otra persona; también es un aviso de próximos conflictos conyugales. Suele decirse que soñar que nos casamos presagia que, a cualquier nivel, seremos privados de la libertad. Llegar al matrimonio de un conocido cuando la ceremonia finaliza es augurio de muerte para esa persona. Si una mujer sueña que se casa con un pretendiente, muy pronto se verá convertida en su amante.

MEDALLA: Soñar que portamos una medalla presagia que conoceremos a una persona influyente.

MEDIAS: Soñar que uno lava, compra o se pone unas medias es augurio de vida pacífica. Si están corridas o jaladas, cuidémonos de engaños y falsedades; medias de mala calidad presagian fracaso en los negocios o pérdida en la lotería si son de buena marca; pero si en el sueño nos las quitamos lo que recibiremos serán buenas nuevas que nos proporcionarán un cambio en nuestra vida. Medias bonitas auguran ganancias; de seda natural, anuncian herencia o donación; de colores claros, nos hablan de amistad, y oscuras son signo de tentación. Si sueña que calza zapatos sin medias pronto la miseria y la pobreza lo acosarán.

MEDICINA: Si en sueños nos vemos tomando una medicina es señal de necesidad de ayuda física o espiritual que pronto recibiremos. Si medicamos a alguien conocido, esa persona necesita que le prestemos auxilio.

MÉDICO: Si nos atiende es augurio de ayuda y protección, si el soñador se ve como médico, es un llamado a cuidar nuestro cuerpo y alma.

MEDIODÍA Y MEDIANOCHE: Aunque no lo parezca, carecen de significado estricto. Soñar con el mediodía puede tener una interpretación hacia la segunda mitad de la vida del soñador y tendrá que ver con la culminación de acontecimientos de su actividad privada, amorosa o profesional.

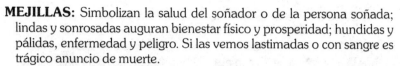

MEJILLAS: Simbolizan la salud del soñador o de la persona soñada; lindas y sonrosadas auguran bienestar físico y prosperidad; hundidas y pálidas, enfermedad y peligro. Si las vemos lastimadas o con sangre es trágico anuncio de muerte.

MELÓN: Aunque generalmente los melones auguran epidemia o enfermedad, se cree que cuando los vemos o comemos en sueños es signo de que alguien nos toma por tontos.

MENDIGO: Si le damos limosna es augurio de desilusiones y problemas en el hogar; si sólo lo vemos, es una advertencia pues tendremos pérdidas económicas; pero si somos mendigos lo más seguro es que se está iniciando una mala época en nuestra vida de la que lograremos salir con mucho esfuerzo.

MERCADO: El mercado en sueños simboliza el precio que en la vida debemos pagar por todo lo que sabemos y poseemos, es como un teatro en el cual se representa nuestra cotidianidad tal como es. Si lo vemos a la distancia es presagio de problemas económicos; entrar al mercado pero sin adquirir nada expresa nuestra búsqueda de medios para llevar a cabo lo que anhelamos; si no encontramos lo que queríamos comprar es un aviso para reflexionar antes de iniciar cualquier proyecto.

MERENGUE: Soñar que lo vemos o comemos es presagio de confusiones y contrariedades.

MESA: La familia sentada a una mesa bien dispuesta y servida es signo de fortuna y unión familiar; si estando puesta nadie llega a sentarse, refleja un anhelo de comunicación; si levantamos la mesa, algo incierto nos espera al envejecer; si se voltea es aviso de viaje o mudanza; rota o disgregada es augurio de disolución, separación o peleas.

MIEDO: En los sueños no tiene una significación específica, suele ser producto de algún temor experimentado en fecha reciente.

MIEL: En el paraíso prometido corren ríos de leche y miel, esta última es promesa de felicidad y prosperidad, pero producto de nuestro trabajo; soñar que la comemos es también augurio de conocimiento y placeres sensuales. Afirma la tradición que si vemos a un conocido comerla nos esperan disgustos amorosos.

MILAGRO: Soñar que somos testigos de un milagro es presagio de beneficios a corto plazo; si nos vemos haciendo un milagro no faltarán disgustos con nuestra pareja.

MILLONARIO: Éste es un sueño que refleja todo lo contrario, y simboliza una voraz ambición que no nos conducirá a nada.

MIMOSA: Soñar con este árbol es reflejo de melancolía y esperanza en otra vida mejor.

MINA: La mina es fuente de riqueza, pero obtener sus frutos es producto de un arduo trabajo pues están ocultos a nuestros ojos; soñarla es augurio de obtención de beneficios económicos, para un comerciante; para un científico o médico es presagio de grandes descubrimientos útiles para la humanidad; si la soñara un político espere fundar un partido o ganar alguna elección. Si soñamos que trabajamos en una mina es un aviso para cuidar y valorar las ganancias obtenidas con nuestro esfuerzo.

MIRLO: Soñar con esta negra ave es presagio de chismes y murmuraciones que serán tan terribles cuanto más oscuro sea su color; soñarlo también nos invita a mantener la calma en una circunstancia difícil que atravesaremos para así evitar dolores y disgustos.

MIRTO: Esta flor simboliza la paz y el amor, y debido a que siempre está verde también representa la inmortalidad y la energía vital. Soñarla augura amor, beneficios producto de un gran esfuerzo y salud para el que no la posea.

MISA: Soñar que oímos misa augura alegrías sin fin.

MOCHILA: Soñar que cargamos una mochila es anuncio de próximo paseo o caminata. Llena de libros presagia envidias; con dulces augura contrariedades; vacía es señal de que recibiremos malas noticias que serán falsas.

MOLER: Si en el sueño nos vemos moliendo cualquier producto suele ser augurio de problemas en el seno del hogar.

MOLINO: Si lo vemos trabajando es presagio de riquezas; a mayor velocidad más serán los beneficios; si está detenido, a pesar del esfuerzo las ganancias se alejarán; si es un molino de viento anuncia largo y divertido viaje, pero si fuera de agua, lo que augura son contrariedades.

MONEDAS: Si contamos monedas sin valor, atravesaremos problemas económicos; si son de oro augura penas; de plata, felicidad; de cobre o aluminio, fortuna; si son falsas presagia conflictos. Si perdemos una moneda es señal de que gastamos más de lo que poseemos, pero si las encontramos es hora de buscar un empleo que nos prodigue verdaderas ganancias.

MONEDERO: Si lo soñamos lleno debemos cuidarnos de pérdidas, pero si lo vemos vacío pronto lo veremos rebosante.

MONO: El mono es un animal bastante inteligente que aunque suele ser considerado una caricatura del hombre, representa su lado instintivo; si lo soñamos suele ser un llamado a olvidarnos un poco del aspecto físico y material de nuestra vida y cultivar más nuestro espíritu.

MONTAÑA La montaña es símbolo de elevación espiritual e intelectual, pero también de obstáculos en el camino. Si la escalamos con facilidad y llegamos a la cumbre augura que lograremos nuestro objetivo en la vida; si la subida es escarpada y difícil, veremos frustrados nuestros anhelos; si con nuestra fuerza derribamos una montaña, venceremos adversarios que bloqueaban nuestro camino. Si al subir somos iluminados por una hermosa luna llena, lograremos ser correspondidos por la persona amada; si bajamos o caemos, augura miserias, pero si sólo la divisamos a lo lejos realizaremos un increíble viaje.

MORAS: Si en sueños comemos moras seremos beneficiados por la ayuda de una amable mujer; aunque dice la tradición que nos veremos en problemas causados por unos celos terribles.

MOSCAS Y MOSQUITOS: Estos insectos simbolizan tanto a gente vanidosa que nos incómoda, como a desconocidos que quieren inmiscuirse en nuestra vida, y los sentimientos de repulsión que ambos nos causan. Si soñamos que los matamos refleja el deseo que tenemos de alejarlos de nosotros y evitar su molesta influencia. Se dice también que debido a su suciedad pueden simbolizar deseos impuros que tememos confesar.

MOSTAZA: Soñarla es vaticinio de pequeños problemas que sólo lograrán irritarnos.

MOTOCICLETA: Generalmente es un sueño de juventud que refleja ansias de libertad, independencia y peligrosidad. En la mayoría de los casos soñarla refleja alguna carencia de tipo sexual.

MUDANZA: Soñar que nos mudamos es indicio de un cambio importante en nuestra vida que nos brindará una estabilidad que no poseíamos.

MUEBLES: Cuando soñamos con muebles vemos representada nuestra vida en el hogar. Si somos testigos de su destrucción es presagio de fuertes conflictos, lo más probable es que temamos la separación familiar; si los vendemos, pasaremos adversidades en la empresa o negocio de la familia; pero si los reorganizamos, cambiándolos de lugar, refleja nuestro deseo de mayor bienestar y armonía. Si el soñador se ve comprando o fabricando muebles también es buen augurio de mayor tranquilidad afectiva y económica.

MUÉRDAGO: Soñar con esta planta dorada es excelente presagio de fortaleza y larga vida; refleja nuestros mejores deseos para el futuro de aquellos a quienes estimamos.

MUERTE: Los sueños en los que vemos de cerca la muerte no reflejan la pérdida real de la vida de alguien, sino que, por el contrario, simbolizan la culminación de una amistad, relación, problema o época de nuestra vida, que nos cuesta trabajo aceptar. Esto suele ocurrir porque no entendemos que dará nacimiento a otra etapa diferente y llena de promesas. Sueño común hacia la llamada "tercera edad" o cuando una enfermedad grave nos mantiene angustiados, funciona como una preparación inconsciente para ese momento final de nuestra vida, es corriente que con su aceptación el sueño desaparezca. Tradicionalmente hay diversas interpretaciones para este sueño; verse muerto es augurio de matrimonio y si ya estuviera casado, de separación; en ambos casos lo que presagia es un cambio definitivo en la vida del soñador. Si quien se ve muerta es una mujer embarazada, su parto será exitoso y feliz. Si el durmiente se viera amortajado, realizará un largo y provechoso viaje; si se ve en un ataúd bajo tierra, es aviso de futuro encarcelamiento. Si vemos muerta a una persona querida ausente es de buena suerte para su futuro; pero si lloramos la muerte de un conocido es lamentable vaticinio de enfermedad para esa persona.

MUERTOS, DIFUNTOS: Generalmente cuando en nuestros sueños aparece una persona ya fallecida (padre, madre, abuelos o algún amigo) y nos vemos en el pasado, quizás cuando éramos niños o en alguna etapa feliz, lo que significa es que probablemente estemos atravesando un mal momento en el presente e inconscientemente deseemos retroceder en el tiempo y escapar de esa situación. Cuando el difunto nos resulta desconocido lo que refleja es culpabilidad. Cuando se ha perdida al ser amado y tiempo después se sueña su muerte, es que el golpe fue tan duro que recién el alma acepta tan dolorosa pérdida.

MUJER: Cuando una mujer sueña con una desconocida ésta suele funcionar como un reflejo de sus propias inclinaciones y deseos inconscientes. Si es un hombre el que sueña que mira impersonalmente a bellas mujeres a las que no conoce es presagio de éxito en sus ambiciones. Si una mujer ve en sueños a otra desnuda lo que simboliza es su deseo de lucir atractiva para los demás; si es un hombre el que tiene esta visión refleja su insatisfacción y miedo a la anormalidad. Popularmente se afirma que ver a una mujer morena es presagio de gran tristeza; rubia, augura infinitas alegrías; pelirroja, chismes malintencionados. Si el durmiente viera a una mujer embarazada lo que debe esperar son buenísimas noticias.

MULA: Este animal simboliza la energía vital y la fuerza de voluntad; la interpretación de este sueño debe hacerse basándose en su comportamiento. Si patea, muerde o nos desmonta es presagio de dificultades y fracaso; libre, augura triunfo en los negocios; cargada en exceso, pérdidas.

MULETAS: En los sueños las muletas representan la seguridad, por lo tanto si las usamos es señal de poca confianza en nosotros mismos, pero si después de utilizarlas las dejamos de necesitar quiere decir que hemos recuperado la fe perdida; si vemos a un conocido ayudarse de ellas, lo más probable es que precise de nuestro apoyo moral.

MUÑECAS: Cuando una niña sueña con sus muñecas es reflejo de una gran soledad; si una mujer las sueña lo que simboliza es una gran nostalgia por el mundo ideal de la infancia y un deseo inconsciente de volver a esa época libre de responsabilidades y problemas.

MURCIÉLAGO: Soñarlo es presagio de malas noticias, popularmente se dice que si vemos en sueños a este repulsivo animal significa que alguien bastante feo nos ama con locura.

MUROS, MURALLAS: Los muros cumplen dos funciones en los sueños: primero, son obstáculos que debemos vencer; segundo, nos protegen de aquello que tememos. Si estando seguros tras un muro éste se desploma, simboliza nuestra indefensión y poca confianza; si está en ruinas expresa nuestro miedo y desconsuelo; si estamos colocados en lo más alto de una muralla es excelente presagio de salud para los enfermos, fortuna para los desposeídos y libertad para el que estuviera privado de ella. Si nos vemos encerrados por la fuerza entre cuatro muros de los que no podemos salir es terrible vaticinio de fracaso.

MUSEO: En sueños simboliza el deseo de conocimiento y refinamiento cultural. Un museo abandonado es señal de pesimismo, pero si lo vemos lleno y bien provisto, el bienestar que alcancemos será tan grande como la cantidad de objetos que encontremos en él.

MÚSICA: La música representa el alma y las agradables emociones que somos capaces de sentir. Cuando la oímos en sueños es excelente augurio de felicidad; para alguien que tiene piadosas inclinaciones es señal de gran elevación de espíritu; si se sueña componiendo música simboliza su deseo de abrirse a nuevas y gratificantes experiencias emocionales. Se dice que soñar con música desafinada augura calumnias y murmuraciones.

$$\mathcal{N}$$

NABOS: Aunque se sabe que soñar con nabos refleja la mediocridad del durmiente, una tradición afirma que es presagio de salud para el que está enfermo.

NACIMIENTO: Los sueños de nacimiento, en los que sin presenciar el parto asistimos a la celebración por la llegada de un nuevo ser, deben ser tomados como tales, como el festejo y la felicidad que trae la llegada de algo nuevo a nuestra vida, un nuevo yo, una nueva amistad o amor, el comienzo de un negocio, la adquisición de nuevas creencias o ideales.

NADAR: Este sueño simboliza nuestra capacidad para nadar en las aguas del inconsciente, tiene que ver con el manejo de emociones y sentimientos. Si nadamos hábilmente, sin cansarnos y no nos cuesta trabajo deslizarnos de una orilla a otra, es señal de que veremos cumplidos todos nuestros objetivos, sin dificultad alcanzaremos lo que nos propongamos; y si además nos movemos en una extensión muy grande de agua, en la vida real nuestro campo de acción será tan ilimitado como nuestras posibilidades. Si nos ahogamos es que veremos fracasar nuestros anhelos. Si en el sueño nos vemos aprendiendo a nadar es señal de falta de voluntad y del poco control que tenemos sobre nuestras pasiones, y que aún no estamos preparados para empezar ninguna empresa amorosa o económica. Si nos vemos rescatando a alguien de morir ahogado, en la vida real evitaremos una pasión que nos hubiera traído todo tipo de pesares. El aspecto de las aguas es también significativo; si se nada en agua límpida es señal de lucidez y claridad de pensamientos; en agua turbia denota que nuestra pasión se ve afectada por malos pensamientos; si mientras nadamos las aguas se ponen turbulentas y bravas, así están nuestros sentimientos y esto nos traerá demasiados problemas. Si nos arrastrase una corriente debemos cuidarnos de no ser pretensiosos ni imprudentes para evitar situaciones peligrosas.

NAIPES: Como en todos los juegos de azar, los naipes son augurio de mala suerte, pues presagian pérdidas provocadas por nuestra poca habilidad para controlar los acontecimientos. Si se ve jugando con personas que le resultan conocidas procure no entablar negocios con ellos porque saldrá perjudicado.

NALGAS: Si estando caminando en el sueño se le descubren las nalgas es señal de que recibirá una gran ofensa. Si se ve sus propias nalgas, es anuncio de peligro; si se las ve a alguien del sexo opuesto sin ninguna emoción es augurio de murmuraciones; en otras circunstancias suele ser simplemente lujuria.

NARANJAS, NARANJO: Soñar con naranjos en su temporada, ya sea con su árbol, flor o fruta, es un precioso presagio de felicidad en el amor y matrimonio; la flor nos avisa de la llegada de un amor dulce y puro; la naranja cargada de semillas, de amor apasionado que traerá una numerosa descendencia. Flores marchitas o naranjas echadas a perder denotan un amor que se acaba sin que lo hayamos sabido disfrutar. Una tradición afirma que la naranja, debido a su color como de fuego, puede significar ambición, pero por lo mismo también puede simbolizar una purificación.

NARIZ: Es un sueño muy frecuente en los niños debido a la influencia de los cuentos infantiles. Soñar con una nariz larguísima revela su temor al castigo o a que se descubra frente a sus padres alguna mentira. En las niñas que sueñan que brota sangre de su nariz se ve reflejada la inquietud que les causan los primeros trastornos físicos causados por la menstruación. En los adultos este sueño se puede interpretar tradicionalmente; si ve una nariz exageradamente grande y abultada es presagio de infidelidades amorosas; nariz chata señala próximas enemistades; muy larga es buen augurio de bienestar y salud. Una nariz cortada es triste vaticinio de muerte en la familia, y horriblemente deforme se traduce como libertinaje.

NAUFRAGIO: Soñar con un naufragio debe ser interpretado como tal puesto que significa el naufragio de esperanzas e ilusiones, tanto en el amor y amistad, como en el trabajo y negocios, sólo nos veremos salir con un relativo éxito si logramos salir del agua suspendidos de algún madero.

NAVAJA: La navaja para afeitar, tanto como el hecho de afeitarse, revelan nuestro deseo de poner más empeño, fuerza de voluntad y decisión al enfrentarnos a problemas que, de otro modo, nos rebasarían. En el caso de los hombres, el afeitarse la barba o el bigote en sueños habla de un temor inconsciente a la pérdida de la virilidad, también se dice que si usa una navaja de afeitar es un aviso para tener cuidado y mostrar desconfianza. Una navaja usada para atacar habla de pasiones violentas, celos, venganzas y engaños amorosos; utilizada para defenderse nos recuerda que nos sentimos seguros y protegidos.

NARCISO: Soñar con esta planta suele ser de difícil interpretación, pues simboliza la vida y la fecundidad, por florecer en primavera y en lugares húmedos, como la muerte, porque suele plantarse sobre las tumbas. También es común interpretar este sueño como símbolo de vanidad y egocentrismo, ya que en el famoso mito de Narciso, éste, al admirar su belleza sin par en el reflejo de las aguas, cae en ellas; aunque esto puede resultar ambivalente puesto que el amor propio puede llevarnos a buscar una mayor elevación espiritual y estética. Tendríamos que poner especial atención a este sueño que, debido a sus diversos significados, ha de ser interpretado de acuerdo a los sentimientos y circunstancias personales que acompañen al durmiente.

NEBLINA: Soñarse en un ambiente lúgubre y neblinoso es señal de estancamiento y falta de perspectivas en la vida del durmiente; es un aviso para buscar tiempos mejores.

NEGAR: Si en el trascurso del sueño negamos algo que personalmente no nos interesa significa que una iniciativa generosa nos rendirá frutos.

NENÚFAR: Debido a que esta planta está ligada al agua y a la tierra, simboliza tanto la belleza como las fuerzas telúricas, primitivas, y las pasiones intensas; presagia conflictos pasionales originados por odio, amor, deseos de venganza o celos exacerbados. También representa obstáculos que nos impedirán llegar al objeto amado y debilitación física y emocional debido a excesos.

NERVIOS: Si en el sueño usted se viera preso de un ataque de nervios es presagio de enfermedad leve o de graves contrariedades que le causarán no pocas complicaciones.

NEVADA: Es siempre de buena suerte soñar con nevadas, sobre todo si ocurren en la época y lugar que corresponden; si sólo la vemos o estamos en medio de ella es presagio de evidente y paulatina mejoría en nuestra situación. Si cayera con violencia y cubriendo todo a su paso, es mejor augurio, ya que la prosperidad nos llegará rápidamente, acompañada de amor, felicidad y todo tipo de bendiciones que iluminarán nuestro hogar.

NEVERA: Ésta representa el aspecto económico y la administración en el hogar; si la vemos llena, organizada y bien provista es reflejo del buen manejo de los ingresos que lleva la persona a cargo de la casa. Si la nevera estuviera vacía, las finanzas del hogar corren gran riesgo.

NIDO: Es otro de los sueños que simbolizan el hogar y la familia. Si lo vemos completo con los dos padres y las crías es buen augurio de unión, felicidad y beneficios; si lo viéramos vacío, anuncia abandono y soledad. También simboliza la feminidad; si un hombre sueña que roban un nido es indicio de deseos sexuales; si lo sueña una mujer, refleja su temor a la violencia y engaño de su pareja. Si se sueña con un nido de serpientes revela el temor a ser traicionados por un miembro de la propia familia.

NIEBLA: Como el aire representa el intelecto y la claridad de ideas, la niebla simboliza lo indeterminado, la confusión, la imposibilidad de comprensión. Suele representar un estadio intermedio entre dos etapas en nuestra vida, en que sin deshacernos de la primera, aún no tenemos una idea precisa de lo que ocurrirá después. En los sueños puede ser presagio de peligro por estar involucrados en asuntos ilegales o anunciar días de tristeza e indecisión. En otros casos señala nuestra necesidad de ocultar sentimientos o pensamientos considerados inmorales y que nos avergüenzan. Si se busca algo en la niebla refleja el deseo de recuperar una amistad o amor perdido; si el durmiente estuviera paralizado en medio de la niebla, significa que siente incertidumbre frente al futuro; también es un aviso para actuar con cautela y no tomar decisiones equivocadas. Si el soñador viera deshacerse la niebla es señal de que pronto se aclarará aquello que lo tiene confuso.

NIEVE: La nieve, y por lo tanto el frío fuera de temporada o en una zona donde no debe caer, suele ser reflejo de soledad en el alma y corresponde a un periodo doloroso en nuestra vida. Si vemos derretirse la nieve, un corazón que hasta ahora había sido duro con nosotros empezará a ablandarse y conmoverse. Si vemos en sueños que participamos en algún deporte de invierno se debe interpretar según nuestra habilidad y el lugar que ocupemos en la competencia.

NIÑERA: Al igual que la enfermera, la niñera representa nuestra necesidad de amor y consuelo, de mimos y caricias; suele aparecer en un momento de inseguridad e inquietud espiritual en el que buscamos una figura materna que nos brinde protección.

NIÑOS: Un niño recién nacido representa principio, nacimiento y evolución; soñarlo es indicio de algo naciente también en nuestra vida, una trasformación que puede ser espiritual, de ideas o sentimientos. Cuando se es joven o recientemente adulto, este sueño suele indicar anhelos de maternidad; hacia el inicio de la madurez el recién nacido suele ser un proyecto de vida definitivo o la consolidación de la propia personalidad. Cuando se está embarazada suelen aparecer con frecuencia estos sueños; si se pierde un niño, refleja una cierta ansiedad ante la nueva responsabilidad y un deseo inconsciente de eludir el compromiso; si lo insultamos o golpeamos, lo que denota es vulnerabilidad, indefensión y necesidad de ayuda.

Si siendo adultos soñamos que somos niños, significa que deseamos huir de responsabilidades y preocupaciones hacia un pasado de felicidad y protección, donde estábamos rodeados de amor; si este sueño fuera angustioso, denota que nuestro inconsciente nos advierte sobre la total imposibilidad de volver a la infancia. Si en el sueño viajamos al mundo de nuestra infancia, pero como adultos, expresa la necesidad de buscar en el pasado respuesta a preocupaciones y complejos que en el presente nos desconciertan.

La tradición afirma que, si soñamos con muchos niños limpios y arreglados, a los que acariciamos con afecto, es señal de felicidad conyugal; si los vemos peleando, auguran conflictos internos; si se pegan entre ellos, lo que presagia es una agresión para el soñador; si vemos a un niño siendo amamantado es anuncio de embarazo; si viendo un niño lo levantamos confiadamente en nuestros brazos es excelente augurio de felicidad.

NOCHE: Nunca sabremos quién nace primero, si el día o la noche, por lo tanto la noche presenta doble significación, es positiva y negativa, representa la gestación creadora (que da vida al día) y la muerte de ilusiones (con ella termina la luz). Por eso suele ser variada la interpretación de este sueño. Las noches tenebrosas y oscuras, sin la presencia protectora de la luna, generalmente se trasforman en pesadillas en las que se reúnen nuestros más grandes temores; siempre revelan lo mismo, indecisión, angustia, miedo, tristeza e inseguridad ante el peligro. Si estos sueños atroces se repiten, lo que denotan es un fuerte complejo de inferioridad. Los sueños que trascurren durante la noche suelen también simbolizar el deseo inconsciente de volver a la seguridad protectora del útero. Cuando la luna y las estrellas están presentes, la media luz oculta a los enamorados, haciéndose su confidente, volviéndose un buen presagio para el futuro.

NOCHEBUENA: Se dice popularmente que soñar con esta colorida flor es de excelente suerte, pues nuestra fortuna cambiará y lo más probable es que adquiramos una nueva casa.

NOMBRE: Generalmente cuando aparece en sueños un nombre propio lo que representa son atributos que un personaje del mismo nombre posee. Si en el sueño no poseyéramos nombre significa que no tenemos cualidades que nos diferencien de los demás. Si alguien nos llamara a gritos por nuestro nombre es un aviso a cuidar nuestro negocio de posibles pérdidas.

NOMEOLVIDES: Esta flor, como su nombre lo indica, nos recuerda que debemos tener presente que las promesas deben cumplirse, "lo prometido es deuda", para no pagar en el futuro las consecuencias de nuestra palabra empeñada.

NOPAL: Si sueña con nopales es presagio de malas noticias que le perjudicarán. Si le quitara las espinas es buen augurio, pronto solucionará un problema que lo tenía angustiado.

NOVENA: Si sueña que asiste a una novena es simple reflejo de su devoción y caridad.

NOVICIO: Si sueña que es novicio o que convive con uno es reflejo de su cotidianidad, del amor que siente hacia sus semejantes y es presagio de satisfacciones.

NOTARIO: Ver un notario en su oficina es señal de ganancias y beneficios económicos obtenidos ya sea por herencia o por una buena inversión.

NOVIO: Si un hombre se sueña vestido de novio, listo para la boda, es mal presagio de matrimonio frustrado o enfermedad: Si quien se sueña así es una mujer, lo que vaticina es muerte de algún ser querido.

NUBES: Las nubes que cubren el cielo simbolizan el pasado que, pendiendo sobre nuestra cabeza, sobre el presente, no nos deja actuar con libertad, nos tiene paralizados. Solemos justificar nuestra inacción en errores pasados que anhelamos corregir. Si soñamos nubes ligeras que surcan el cielo sin llegar a oscurecer totalmente la luz del sol, lo que anuncia es una época de inquietudes; llena de altibajos; si son muy densas y oscuras, lo que presagian es miedo y grandes preocupaciones. Si vemos un rayo de sol que las atraviesan no debemos perder las esperanzas porque todas las confusiones se aclararán. Una tradición afirma que las nubes representan el caos que precede al cosmos, al orden y a la calma.

NUDOS: Soñar con un nudo realizado sobre la misma cuerda expresa nuestra incapacidad de actuar frente a una situación que nos tiene atados; simboliza fuerzas ajenas a nosotros mismos que nos dominan y subyugan. Si anuda alguna prenda para arreglarla anuncia que volverá la suerte; ver un nudo en una camisa, presagia beneficio comercial; en un pañuelo, cambiaran las personas a su servicio; en un pantalón denota unión. Si vemos a otro haciendo un nudo presagia conflictos; si lo deshacemos significa que solucionaremos una gran dificultad. Si en su sueño alguien retira de las manos del durmiente algo anudado y logra deshacerlo, es señal de que recibirá ayuda que le quitará un peso de encima. Un nudo flojo simboliza libertad y rápida solución de problemas; si cortamos un nudo, estamos eligiendo el camino más fácil para liberarnos de algo que nos tenía presionados.

NUEZ: Debido a la dureza de su cáscara y a la dificultad con que accedemos a su fruto, la nuez simboliza los objetivos que lograremos conseguir después de un arduo esfuerzo. Si en el sueño recogemos nueces, lo que presagia es una vida conyugal feliz después de haber superado pequeños e innumerables problemas.

NÚMEROS: Estamos acostumbrados a creer que estos sueños pueden indicarnos qué billete de lotería comprar, cómo ganar en algún juego de azar, o a qué caballo apostar, pero en realidad la numerología es una ciencia muy compleja y trasladarla al también complicado mundo de los sueños es demasiado difícil, y hasta podría afirmarse que imposible. Como datos generales se puede afirmar que los números representan al yo, a la dinámica del alma y a las etapas del crecimiento y desarrollo. Los números impares están relacionados con lo femenino y los pares con lo masculino. Los números soñados también pueden remitirnos a hechos que pasaron a una determinada edad, por ejemplo, si soñamos el cinco puede ser que debamos hallar respuesta en un hecho importante que ocurrió cuando teníamos esa edad. Alguna figura o cantidad de elementos puede tener un número escondido, que debemos interpretar también en el pasado. En el ocultismo, la ciencia de aquello que no puede ser explicado científicamente, se cree que sumando los números de una cifra vista en sueños, buscando que no exceda la cantidad de 22, se hallará una interpretación: si soñamos con el 28,199, se suma

2+8+1+9+9=29; como rebasa el 22, se vuelve a sumar 2+9=11 y con esta nueva cifra podemos interpretar la simbología y encontrar el presagio basándonos en uno de los veintidós arcanos mayores del *Libro de Thot:*

1. Habilidad, diplomacia, destreza; iniciativa.
2. Misterio, esoterismo.
3. Germinación, incubación, fecundidad, virtualidad.
4. Estabilidad, duración, certeza.
5. Inspiración, intuición.
6. Amor, atractivo, imantación.
7. Providencia.
8. Justicia, equidad.
9. Prudencia, circunspección.
10. El destino, elevación o caída.
11. Fuerza, energía, eficiencia.
12. Sacrificios, pruebas.
13. Muerte, terminación de un ciclo.
14. Metamorfosis, cambios, mutaciones.
15. Fuerzas fatales y su resultante.
16. Catástrofe, embrollo.
17. Influencias providenciales, esperanza.
18. Tinieblas, sortilegios.
19. Revelación, solución.
20. Sorpresa.
21. Inconstancia, vértigo, aberración.
22. El absoluto, el gran logro.

OASIS: Un oasis es un hermoso lugar de calma y sosiego en medio del desierto. En los sueños puede ser interpretado de la misma manera, espacio de descanso de problemas y fatigas. Si estamos rodeados de graves problemas, y en el sueño llegamos a un oasis simboliza que pronto todo lo que nos agobia terminará y disfrutaremos de una temporada de paz; si lo vemos a la distancia es señal de que pronto nos veremos libres de las presiones cotidianas y no tardarán en terminar los problemas; si lo abandonamos es que tendremos que cumplir con una complicada tarea con el solo apoyo de nuestras propias fuerzas.

OBESO: Si en el sueño nos hemos vuelto obesos, presagia un cambio forzado en nuestra vida que nos hace extrañar nuestra antigua condición. También refleja una baja autoestima que nos hace aislarnos de los demás. Se cree que si engordamos en la misma medida se incrementará nuestra fortuna; pero si siendo obesos adelgazamos lo mismo ocurrirá con nuestro patrimonio.

OBELISCO: Recibiremos el apoyo de algún pariente o amigo que hará mejorar nuestra condición de vida.

OBISPO: Alguien importante nos brindará su ayuda.

OBREROS: Soñar con obreros es presagio de prosperidad; si los vemos trabajando auguran abundancia; si realizan labores no planeadas en casa del durmiente, se dice que tendrá problemas con los vecinos.

OCAS: Las ocas simbolizan en sueños la felicidad en el amor; además, se relacionan con el destino porque son consideradas como mensajeras entre el cielo y la tierra. Si las vemos volando o nadando en pareja, lo que anuncian es felicidad con la pareja amada; si la comemos, lo que presagia es felicidad y beneficios en el hogar; si la oímos graznar, lo que anuncia es que corremos grave peligro. Si el durmiente se viera cuidando ocas obtendrá el servicio fiel de sus inferiores, pero si divisa a lo lejos unas muy hermosas ocas lo que vaticina es un encuentro amoroso que traerá consecuencias.

OFICINA: Soñarse en una oficina anuncia tribulaciones y problemas que consumirán en vano nuestras energías.

OÍDOS: Soñar que oímos avisa que recibiremos una proposición que nos conviene aceptar; si los oídos nos zumban, recibiremos malas noticias.

OJOS: El ojo simboliza el conocimiento y la inteligencia, ver es comprender, crear el mundo con nuestra mirada. Si en el sueño vemos las cosas distorsionadas o necesitamos lentes es porque los conflictos del alma dificultan la visión: "Nada es verdad, nada es mentira, todo es de acuerdo al color del cristal con que se mira"; si miramos fijamente a los ojos de alguien, tenemos algo que ocultar; si sentimos que nos observan pero no vemos a nadie, lo que nos agobia es el complejo de culpa; si nos soñamos ciegos o con los ojos vendados revela nuestro temor a ser engañados o a no poder enfrentarnos a la realidad. Soñar que no vemos bien, mas no usamos lentes, es señal de cobardía para afrontar las circunstancias que nos rodean; pero si vamos al oculista, denota nuestra necesidad de encontrar ayuda y apoyo que nos harían deslindar responsabilidades que sólo a nosotros nos pertenecen. Si vemos el ojo derecho de alguien, herido o desorbitado, es señal de peligro para un hombre cercano a nosotros; pero si el ojo lastimado es el izquierdo, el peligro presagiado es para una mujer querida.

OLAS: El agua representa, como ya se había dicho, el inconsciente. Verse mecido por las olas es señal de que nos dejamos arrastrar por la vida con toda pasividad, dejando que las circunstancias decidan por nosotros. Si las olas son arrebatadas por una fuerte tormenta simboliza que nos dejamos llevar por instintos y pasiones; un odio exacerbado, amor, venganza o celos infundados, son sentimientos que pueden ponernos en situación de peligro que haría naufragar nuestra estabilidad emocional, social y económica. Es de muy buen augurio soñar que caminamos sobre suaves olas, porque significa que nos sentimos fuertes y seguros para afrontar cualquier obstáculo que se nos presente.

OLIVO: El árbol de olivo simboliza fecundidad, paz, purificación, fuerza, victoria y recompensa. Si en el sueño vemos el árbol o un ramito de sus hojas, lo que anuncia es paz, perdón y reconciliación; las olivas y el aceite representan beneficios en los aspectos de nuestra vida.

OLORES: Los olores que se perciben en sueños suelen reproducir olores reales cercanos al durmiente; cuando no es así generalmente aparecen al soñar con flores o mujeres hermosas y simbolizan una gran sensualidad. Los olores agradables presagian salud y afectos, y los desagradables, enfermedades.

OLLAS: Soñar con ollas o cazuelas representa el deseo de fundar un hogar; pero suele ser un mal sueño si la olla aparece vacía o en ella se están cociendo cosas extrañas y no comestibles. Si quien tiene este sueño es una mujer casada, pronostica conflictos familiares; si es una soltera, revela su temor a la convivencia de pareja o a no saber llevar su nueva vida de casada.

OMBLIGO: Una tradición famosa afirma que soñar con un ombligo anuncia al durmiente que perderá a sus padres; popularmente se dice que ver un ombligo simboliza para el hombre a la mujer a la que le unen los más fuertes lazos.

ONDINAS: Estos seres mitológicos son hadas que habitan las aguas; al igual que las sirenas, son maléficas y representan lo femenino del agua y sus peligros. Soñarlas es una advertencia para no abandonarnos al placer y a la seducción que nos pueden llevar a situaciones peligrosas.

ÓNIX: Tanto en sueños como en la realidad esta piedra simboliza la fuerza espiritual.

ÓPALO: Aunque en la antigüedad se creía que el ópalo confería el poder de la invisibilidad, en la actualidad se afirma popularmente que soñar con ópalo presagia felicidad y regalos dadivosos.

ÓPERA: Se dice que soñar asistir a la ópera o escucharla placenteramente es presagio de banalidad y desidia.

OPERACIÓN: Una operación es una cura drástica para evitar que una parte del cuerpo enferma traiga consecuencias a todo el organismo. En los sueños funciona del mismo modo si soñamos que nos operan el corazón; es una invitación a cortar, también drásticamente, de raíz, con una relación que nos está haciendo daño. Si la operación es en el hígado su mensaje será abandonar los corajes y peleas que sólo vuelven más difícil nuestra vida.

OPIO: Se cree que soñar con opio presagia desesperación en el amor, conflictos con la pareja, que harán que el durmiente busque refugio en otra persona.

ORACIÓN: Si nos soñamos orando es buen presagio de beneficios.

ORANGUTÁN: Es tradición afirmar que soñar con chimpancés, orangutanes, gorilas o cualquier animal de la familia de los monos, avisa que un amigo se burla del durmiente y lo imita constantemente; a la larga estas niñerías lo beneficiarán.

ORDEÑAR: Ya sea que en el sueño ordeñemos o veamos a alguien haciéndolo, es presagio de beneficios obtenidos de una circunstancia fortuita y momentánea.

OREJAS: Las orejas simbolizan lo femenino y la dependencia; es tradición conocida el hecho de que los piratas se colocaran una argolla en la oreja por cada mar recorrido, simbolizando su matrimonio con éstos. Las orejas soñadas representan a las mujeres de la vida del soñador: madre, esposa, hijas, hermanas, amigas. Su relación con ellas será feliz si en el sueño posee orejas bellas y bien conformadas; presagian desgracias unas orejas feas y deformes. Si en el sueño el durmiente se ve cubriéndose las orejas con un sombrero, gorra o el cabello revela su temor a que se conozcan sus deseos sexuales o su total dependencia de una mujer. Popularmente se dice que si soñamos orejas largas es señal de que pronto cometeremos una gran torpeza; pero si son cortas nos avisan que alguien cercano nos engañará por ser excesivamente confiados. Si nos vemos sin orejas recibiremos noticias por la muerte de un ser querido.

ORGÍAS: Soñar con orgías, embriaguez o cualquier tipo de exceso, representa ya sea una insatisfacción sexual o un cansancio ante las estrictas normas morales que nos impone la sociedad. Frente a este sueño nuestra actitud puede tomar dos caminos; el de abandonar una vida excesivamente puritana y atender a las necesidades de nuestro organismo; o poner un freno a nuestra exacerbada imaginación.

ORIENTACIÓN: El sol nace por el oriente (este) y muere por el occidente (oeste); para las zonas azotadas en invierno por los vientos del norte, de donde viene el frío, el este representa lo malo, y el sur, por donde vuelve el calor, simboliza la bondad. Basándonos en este conocimiento universal debemos interpretar los sueños en los que generalmente debemos elegir tal o cual dirección; también al decidir hacia dónde orientar las aberturas de la casa, puertas y ventanas, inconscientemente determinamos las influencias dominantes que deseamos para nosotros. Orientarnos en sueños es con el fin de decidir entre subir al cielo, si vamos al norte; bajar al infierno, si es al sur; volver a nuestros orígenes, si es al este, o resignarnos con nuestro destino, si es al oeste.

ORILLA: Ver a una persona conocida parada a la orilla del mar o de un río, nos dice que esa persona, aunque llena de cualidades, está un poco desorientada y tendrá que guiarla como si fuera un niño.

ORINAR: Si en sueños siente deseos de orinar, generalmente responde a la necesidad fisiológica de hacerlo; pero no está de sobra citar un famoso libro onírico, *El libro asirio de los sueños*, que en resumen afirma: si la orina del durmiente cae en la pared y corre por la calle presagia que tendrá mucha descendencia; si el soñador orina hacia el cielo, su hijo llegará a ser famoso e importante; si cae en un pozo, perderá sus bienes; si lo hiciera entre cañas, no tendrá hijos; pero si mojara su ropa y a continuación se secase, lo que augura es que caerá enfermo. En la tradición popular se dice que, si orina junto a una pared vaticina éxito en los negocios; en la cama, avisa que tendremos conflictos y contrariedades. Soñar con orines de bebé presagia pronta curación de una enfermedad que aqueja al durmiente.

ORO: El oro, al ser equiparado con el sol, simboliza lo superior, la luz, el conocimiento, la riqueza, la perfección y la irradiación; representa también los bienes espirituales y la iluminación suprema. Pierde todo su valor positivo al ser comercializado o trasformado en moneda. Hallar oro casualmente siempre presagia bienestar y provecho, lo mismo ocurre si es encontrado como un tesoro, en todos los demás casos, este sueño adquiere una carga terriblemente negativa. Excavar el suelo para encontrar oro es señal de estar buscando la felicidad en el sitio menos indicado; tratar de encontrarlo en el río habla de confusión acerca de la honestidad de nuestros sentimientos; si lo perdemos, es terrible vaticinio de estafa y pérdida de nuestros bienes. Fabricar oro señala que estamos persiguiendo ambiciosos ideales que nunca alcanzaremos y que nos alejan de las cosas provechosas. Si se encuentra o se lleva puesta una sortija, corona, cetro o collar de oro, es buena predicción pues anuncia prosperidad, fama o dignidades; si rompemos algún objeto de oro significa que morirá un subalterno y si lo fundimos, seremos víctimas de algún litigio en el que nos difamarán.

ORTIGAS: Las ortigas anuncian traición, crueldad y lujuria, sólo se vuelve buen presagio sin nos pinchamos con ellas, ya que habla de beneficios y triunfos en los asuntos que emprendamos.

OSO: Mientras al león lo relacionamos con lo masculino, al oso le atribuimos cualidades femeninas debido a la maternal tibieza de su piel, a su color, ligado a la madre tierra, y a las cavernas donde habita, que pueden ser equiparadas al inconsciente. Es por todo esto que soñar con un oso tiene dos explicaciones: por su lado instintivo, violento y cruel representa a los enemigos poderosos y crueles que, si consiguen llegar a nosotros nos destruirán sin remedio, pero su torpeza nos da la oportunidad de escapar, pues sabemos de su acecho aún antes de tenerlo a nuestro alcance. Si lo soñamos femenino y tierno refleja nuestra necesidad de cariño y protección maternal; si un hombre sueña con este tipo de oso, suele ser la imagen femenina que busca para compartir su vida.

OSTRAS: La ostra no puede separarse de la imagen de la perla, por lo tanto, simboliza la riqueza espiritual y la humildad de santos y hombres sabios, ocultas a los ojos de los demás. En los sueños se mantiene el significado de riquezas; por ello, cuando recogemos o comemos ostras, expresamos nuestro deseo de alcanzar riquezas y una posición social que nos permita vivir holgadamente.

OTOÑO: Este sueño suele aparecer hacia el final de la madurez y ayuda al soñador a que inconscientemente se prepare para la declinación de su existencia; para la llegada de la muerte, como un paso a otra vida de paz.

OVEJAS: Al igual que cuando soñamos con corderos, las ovejas predicen nuestro futuro en cuanto a riqueza y bienes materiales; el presagio es mejor si las ovejas pertenecieran al durmiente. Ver un rebaño de ovejas sanas paciendo es anuncio de riquezas y posesiones; elegir y tomar una de ellas presagia un beneficio obtenido fácil y rápidamente; llevar una oveja sobre los hombros augura grandes e innumerables éxitos; pero si vemos un rebaño deslizarse hacia nosotros y las ovejas se meten entre nuestras piernas, lo que denota es que para alcanzar el éxito anhelado hemos de superar muchos obstáculos; si las oímos balar es señal de que no nos faltará ayuda y protección para llevar a buen término nuestros proyectos. Ver sacrificar a una oveja predice malos ratos y tristezas; verla ya muerta vaticina malas noticias; si divisamos alguna perdida lejos del rebaño, nos habla de nuestra inseguridad para solucionar nuestros asuntos y una oveja negra nos remite a un amor prohibido del que debemos alejarnos cuanto antes.

PADRE: Así como la madre simboliza en sueños la seguridad y la ternura, el padre nos remite al aspecto intelectual, consciente, al poder, la disciplina, la tradición, la ambición y la relación del durmiente con el mundo externo. Cuando soñamos con él siempre será reprimiendo instintos y libertad, con constantes prohibiciones, leyes y mandamientos; éste suele ser un sueño de juventud, y abunda en la época de formación educativa y profesional; generalmente el durmiente se muestra hostil frente a la omnipotente figura paterna. Hacia la cuarentena vuelve a aparecer este sueño debido a una mayor identificación con él, puesto que el soñador ya es padre y durante sus sueños refleja conflictos conyugales y sociales. Si la actitud del padre es severa anuncia peleas y discusiones con nuestros superiores; si lloramos su muerte, los conflictos serán mayores; si su rostro se muestra benévolo, denota buena relación con nuestro jefe o autoridad próxima y una gran necesidad de apoyo y protección. Soñar con el propio padre estando éste muerto, afirma una tradición, representa el apoyo moral que el soñador buscaba.

PAISAJE: Éste es un sueño muy complejo que no tiene una interpretación precisa; se recomienda al soñador que busque analizarlo a través de los elementos que lo componen, sol, aire, agua, animales, plantas, etcétera.

PAJA: Como ocurre cuando soñamos con productos de la agricultura, que vienen a simbolizar riquezas y éxitos obtenidos como fruto de nuestro trabajo incesante, la paja representa el estado de nuestras posesiones. Si la vemos abundante y bien almacenada presagia abundancia y triunfos; esparcida, sin ningún orden, denota que estamos descuidando nuestras posesiones a riesgo de perderlo todo. Si vemos que llevan paja y le encienden fuego frente a un público es señal de gloria y honores; si la vemos como alimento para animales y dentro de nuestra casa las riquezas que llegarán serán exageradas. La paja mojada previene contra la miseria; pero si se duerme sobre ella también anuncia fortuna.

PÁJARO: Los pájaros, cuya especie no logramos determinar en sueños, representan nuestra alma, su anhelo de libertad y trascendencia. Si soñamos pájaros dando vueltas en el cielo reflejan impaciencia por vernos libres para lograr una altísima meta que nos hemos trazado como objetivo de vida; si emigran, lo que deseamos es un cambio drástico en el ambiente en que vivimos. Un pájaro que se escapa volando es señal de ruptura y separación; enjaulado nos remite a nuestra limitada libertad; si además tiene la pata o el ala rota, de esa manera está nuestra alma, encerrada, inútil, desesperada. Si el pájaro vuela en un espacio pequeño y limitado, chocando contra las paredes, es señal de que el durmiente está a punto de perder la estabilidad emocional y debe buscar la ayuda de un especialista. Lo mismo deberá hacer si se viera luchando contra aves nocturnas o carroñeras. Los pájaros acuáticos remiten al inconsciente y a lo femenino; los pájaros negros traen mensajes de enfermedad y muerte, aunque no siempre de muerte física, también pueden simbolizar la muerte de un viejo yo y presagiar una nueva etapa en la vida del soñador. Los pájaros carroñeros representan la fuerza destructiva de la naturaleza. Pájaros volando rápidamente y sin control hacia el durmiente anuncian una grave amenaza. Matar o lastimar pájaros en su nido representa un rechazo hacia la imagen familiar y los niños. Pero si retiramos sin hacerle daño un pájaro de su nido, lo que presagia es un feliz nacimiento.

PALA: Si soñamos con una pala estamos descuidando un asunto que nos hubiera brindado grandes beneficios.

PALANCA: Soñarla nos presagia ayuda que hará triunfar un negocio o empresa.

PALMA: Es uno de los símbolos clásicos de fecundidad, regeneración y victoria. En los sueños son un muy buen presagio de realización de nuestros más caros anhelos; si todo pareciera ir mal, anuncia que pronto recuperaremos la estabilidad y bienestar perdidos.

PALMA DE LA MANO: Si la soñamos muy abierta presagia acrecentamiento de bienes; cerrada o estrecha anuncia pérdidas; velluda, deudas; si se ve crecer en la palma ramas o cosas ajenas a uno mismo, es señal de que el durmiente será víctima de infidelidad.

PALMERA: Es de buen augurio soñar con una palmera hermosa y cargada de frutos, puesto que representa la familia y bienes del soñador; si vemos que la talan es triste presagio de muerte de un miembro de la familia y si la vemos con sus ramas maltrechas o rotas lo que anuncia son situaciones desagradables para uno de sus integrantes.

PALOMA: La paloma representa la espiritualidad y el poder de sublimación, pero siendo un ave de gran dulzura y tiernas costumbres, no se puede olvidar que el macho participa de la incubación, todo su significado tiene una gran carga amorosa, y la convierte en el emblema del amor y la fidelidad. Si recordamos que en la tradición cristiana carga en su pico con un ramo de olivo, se convierte también en símbolo de paz, felicidad y esperanza reencontrada. Es de excelente augurio para los asuntos de amor y cuando estamos llenos de problemas, soñarla nos devuelve la esperanza en su pronta solución. Si la vemos volando presagia noticias de un ser querido y si llega a posarse enfrente de nosotros, anuncia que serán las buenas nuevas esperadas. Si intentamos atraparla y escapa volando no lograremos alcanzar un amor que huye de nosotros, esto también presagia separación y divorcio. Se dice que si un hombre se sueña cortando las alas a una paloma pasará grandes disgustos por un embarazo del que es responsable.

PAN: Al igual que las espigas, el pan es un alimento básico que sólo se obtiene tras arduo trabajo. En sueños representa lo realmente necesario, jamás un lujo. Si en sueños comemos pan solo o duro, refleja nuestro temor a la pobreza o a volver a pasar por necesidades y penurias; si el soñador no careciera de lo básico o le sobrara, este sueño puede reflejar carencias síquicas o espirituales. Si lo elaborásemos sin problemas lo que revela es una gran confianza en nuestras fuerzas y capacidades, es un buen augurio de triunfo en nuestros asuntos; si llegara a malograrse o nos resultara mal elaborado, presagia todo tipo de fracasos. El pan presagia también matrimonio para el soltero; si es blanco, éxito personal; de centeno, dinero; de cebada, salud; los panecillos auguran pequeños beneficios. Soñarse distribuyendo pan es excelente augurio para el durmiente. Una tradición afirma que el pan equivale a un siglo de vida, por lo tanto, al verlo cortado, los días del soñador serán proporcionales al tamaño del pan.

PANTALONES: Los pantalones, aún en la actualidad, mantienen su significado de autoridad y poder masculino, por lo tanto lo que el hombre sueñe que le suceda a esta prenda de vestir le ocurrirá en su círculo social y familiar. Si ve que otro miembro de la familia, como la esposa, se pone sus pantalones, refleja el temor que siente a que esa persona tome la autoridad y dirección del hogar; si los pantalones le quedaran cortos lo que revela es el miedo al ridículo, a no estar a la altura de las circunstancias; si un enfermo sueña con sus pantalones anuncia la recuperación de sus fuerzas y pronta mejoría; cuanto más cerca de sí vea el durmiente sus pantalones, más pronto verá realizados sus más caros anhelos; la confección del pantalón soñado presagia viaje; anudar un pantalón pronostica matrimonio y tratar de hacer un nudo sin lograrlo denota un enlace frustrado.

PANTANO: Soñar con pantanos refleja la soledad y la desesperación del durmiente; y hundirse totalmente en él habla de su deseo inconsciente de morir para ver acabadas sus desventuras; es un sueño de mal presagio cuando lo acompañan elementos nefastos como un cielo gris, agua pestilente y un pantano del que no se ve final; hay esperanzas de verse salvado de una situación de peligro, cuando a lo lejos se divisa verde vegetación o si un rayo de sol atraviesa la oscuridad. Si este sueño no es provocado por alguna película o lectura, es recomendable tomar todas las precauciones para no exponerse a peligros innecesarios.

PANTERA: En sueños suele simbolizar a la mujer enemiga y celosa; también refleja al hombre o mujer que desea poseer al durmiente por medio de sádica violencia.

PAPAS O PATATAS: Soñar que comemos papas o patatas nos recuerda que nuestro esfuerzo por sacar adelante a la familia muy pronto rendirá sus frutos.

PAPAGAYO: Es preferible evitar participar de chismes y habladurías.

PAPEL: En los sueños el papel se liga a la escritura y al uso que se hace de él. Hojas sueltas, frágiles y sin peso, hablan de situaciones de poca importancia que no nos afectarán; si se ven muchas hojas escritas revelan inquietud y angustia en el soñador; si estuviera en blanco, su color nos ayudaría a interpretar el sueño. Si guardamos un papel sin leerlo es presagio de herencia; si viéramos alguna cosa envuelta en papel es aviso de embarazo de la esposa u otra mujer cercana; pero si en una hoja cualquiera percibiéramos un sello, lo que vaticina es un molesto juicio. Si el durmiente viera abundantes hojas volando es señal de la poca solidez de sus esperanzas que no llegarán a cumplirse. De acuerdo al uso del papel se puede determinar que, si es de empapelar, revela el deseo de redecorar la casa.

PAPILLA: Aquello que anhelábamos llegará demasiado tarde.

PAQUETE: Si en el sueño recibimos un paquete representa tanto una sorpresa como la posibilidad de un apoyo que necesitábamos. Si no lo abrimos revela vacilaciones y si descubrimos que está vacío o lo que trae carece de valor para nosotros, denota que la ayuda no llegará.

PARACAÍDAS: Tanto que uno descienda de un paracaídas como ver a alguien bajar de él lo que presagia es que pronto se saldrá de problemas y dificultades gracias a la ayuda de un querido amigo.

PARAGUAS: Soñar que nos cobijamos bajo un paraguas denota el deseo de huir de nuestras responsabilidades. Aunque se dice que el paraguas representa la protección y apoyo de alguien, ésta vendrá acompañada de nuestro servilismo y humildad forzados, ya que si nos damos cuenta al cubrirnos con el paraguas nos encorvamos. Se dice que perder un paraguas es presagio de grata sorpresa y si éste saliera volando y cayera volteado de revés debemos cuidarnos de alguna traición.

PARAÍSO: Soñar con paraísos y jardines es símbolo de nuestro deseo de alcanzar una vida como la de Adán y Eva, que poseían cualidades sobrehumanas y nada les faltaba; lo que denotan estos sueños es nuestro gusto por la vida fantasiosa, fácil, en la que no tenemos que hacer ningún esfuerzo. El concepto de paraíso ligado al cielo cristiano, como premio por nuestras buenas acciones, tiene otras interpretaciones; si nos vemos entrando en él es presagio de curación, estando enfermos, y de riqueza si somos pobres; para el amante que sufre es señal de fin de sus penas; para el soltero es señal de matrimonio. Si estando a las puertas del paraíso se nos niega bruscamente la entrada es terrible vaticinio de muerte de uno de los padres. Se dice comúnmente que si somos llevados hasta la misma entrada del paraíso por un desconocido es aviso de nuestra propia muerte.

PARÁLISIS: Estando sano y sentirse incapaz de cualquier movimiento señala que estamos pasando por un momento de gran tensión, imposibilitados para resolver un problema definitorio en nuestra vida; también suele significar que estando derrotados, no lo podemos aceptar y por lo tanto tampoco nos damos la oportunidad de intentar salir adelante nuevamente. Popularmente se afirma que soñarse paralítico es un llamado a cuidar nuestra fortuna, pues estamos gastando de más y dilapidando nuestros bienes.

PARARRAYOS: Soñar con un pararrayos nos previene contra todo tipo de peligros.

PARIENTES: Si sueña que algún pariente llegase de visita augura buenas noticias o agradables sorpresas; si soñamos a algún pariente ya fallecido se interpretará como bondad o terrible presagio, de acuerdo a su gesto tranquilo o adusto.

PARRA: Ver o plantar parras anuncia próximo cambio de estado civil; en todos los casos el durmiente debe prepararse para una nueva etapa en su vida.

PARTO: Excepto cuando se espera en la vida real un parto cuyo sueño sólo refleja la feliz espera; soñarlo anuncia que algo que crece y se desarrolla en nuestro interior lucha por ver la luz y hacerse patente a los ojos del mundo; esto podría implicar el final de un periodo en nuestra vida, el inicio de una nueva faceta de nuestra personalidad, o un feliz hijo de nuestro intelecto, una idea, un proyecto, un negocio, una obra que mantiene despiertas nuestras esperanzas y está a punto de hacerse realidad. El parturiento también puede ser un hombre pues, como se ha dicho, lo que nace simboliza otros objetivos vitales; este hijo o creación del espíritu puede llegar por los sitios más increíbles como la cabeza, el pecho o la parte de su cuerpo que más ha influido en su gestación. En todos estos sueños es necesario no perder de vista cómo se lleva a cabo; si es feliz y sin problemas es excelente presagio para aquello que nace; si necesita ayuda externa, como cesárea o fórceps, augura que lo esperado se realizará tras arduos esfuerzos y grandes complicaciones. Si el parto no llegara a buen término, nuestro proyecto abortará.

PASAS: Es de mal presagio recolectar o comer pasas, pues anuncia próximos conflictos y sinsabores.

PASEO: Soñar que paseamos con varias personas presagia que seremos víctimas de falsas promesas o haremos promesas que no podremos cumplir, en este último caso sólo nuestra fuerza de voluntad nos hará ser firmes.

PASTELERÍA, PASTELES: Los sueños con todo de tipo de golosinas simbolizan sensualidad y tentaciones; también presagian para el hombre relaciones con bellas mujeres, y para las mujeres encuentros con atractivos caballeros.

PASTILLAS: Se afirma popularmente que soñar con pastillas significa que alguien te buscará interesadamente.

PASTO, PRADO: Soñarlo simboliza sumisión, excesiva humildad al dejar que otros pasen por encima de nosotros; pero también tiene una vertiente positiva y simboliza nuestra capacidad para adaptarnos a circunstancias nuevas. Una tradición muy conocida afirma que soñarlo predice desacuerdos familiares.

PASTOR: Como sabemos, a través de la tradición cristiana se llama pastor tanto a Cristo como a los sacerdotes que son considerados guías espirituales; el pastor conoce bien a sus ovejas, sabe cuál es el lugar propicio para pastarlas, conoce el clima favorable, su balido y todos los ruidos del campo que le ayudan a prevenir el ataque de un lobo; el pastor de humanos también intenta conocer a sus seguidores para ayudarlos mejor. El pastor soñado suele ser guía y maestro, pero no sólo en el campo espiritual, puede serlo a un nivel cultural, empresarial, en los negocios, hasta en la familia. Si el durmiente se sueña como pastor revela su sana ambición de conducir a los demás; si el pastor fuera otra persona su actitud nos revelará con quién podríamos identificarlo y así entenderemos el mensaje de este sueño.

PATINAR: Patinar en tierra, y más aún sobre hielo, precisa de gran técnica, concentración y vigilancia para no salir lastimados. Estos sueños nos hablan de circunstancias delicadas que requieren de todas nuestras habilidades. Si se sueña patinando con ligereza, sin caerse ni pasar contratiempos, presagia un problema difícil del que se saldrá hábilmente.

PATOS: Tiene similar interpretación que soñar con ocas o cisnes; pero si los oímos chapoteando escandalosamente presagia habladurías; cazarlo, comerlo, guisarlo es excelente vaticinio, pues nos habla de muy buenas relaciones con el sexo opuesto y éxito en las finanzas y empresas del durmiente. Una interpretación popular afirma que soñar con patos denota que nuestra pareja nos es fiel y abnegada.

PAVO: El pavo simboliza la abundancia, suele aparecer en nuestros sueños cuando se aproxima una fiesta familiar.

PAVO REAL: Debido a que la forma de su cola expandida y a que en ella se reúnen todos los colores, esta hermosa ave simboliza la totalidad; pero por su belleza representa también la vanidad y la fragilidad de las apariencias. Es común que en los sueños mantenga su interpretación de vanidad y orgullo; así, soñarlo nos dice que estamos rodeados de personas presumidas o advierte que tendremos fuerte conflicto con una persona de nuestro círculo extremadamente obcecada y pretenciosa. Si vemos un pavo real haciéndole la corte a la pava lo más seguro es que se proyecte un matrimonio por conveniencia.

PAYASO: El payaso, que deriva del clásico bufón, es lo opuesto del rey, así recibe también todo lo contrario, en lugar de honores, serán burlas; en vez de lucir imponente y solemne, su papel es el ridículo; no inspira temor y respeto, sino risa. Cuando se sueña con payasos es un aviso para alejarse de personas indignas de aprecio y amistad y que lo más probable es que causen su ruina; si se viera como payaso deberá cuidar sus actos y apariencia, para evitar el ridículo y la deshonra.

PECAS: Si sueña que tiene pecas, sin poseerlas en la vida real, lo que presagia es una conducta indebida que traerá vergüenza y nefastas consecuencias.

PECADO: Si en el sueño tenemos la sensación de cometer un acto pecaminoso, vaticina que contraerá deudas, pero no deberá preocuparse, pues pronto conseguirá la ayuda financiera para salir indemne de tal percance.

PECES: Los peces, al ser habitantes de las profundidades del mar, simbolizan también los sentimientos, la imaginación, el siquismo y en general el subconsciente; en el sueño mantienen ese significado, pero más exacerbado, ya que el pez se convierte en algo síquico, mensajero de lo más oscuro y profundo de nuestro complejo subconsciente. Cuando somos devorados por un pez grande y poderoso, como en el mito de Jonás, este sueño nos habla de una trasformación, seremos devueltos a la vida más perfectos y purificados; cuando la amenaza es real y el pez busca hacernos daño, es presagio de graves pérdidas morales y materiales. Si intentamos pescar con las manos a los más pequeños y se nos escabullen, revela nuestro temor a desilusiones en el amor; si vemos peces muertos o solitarios, refleja amargura, soledad y desconsuelo del durmiente. El pez solitario que nada entre rocas muy profundas, escondiéndose en perdidas cavernas revela nuestro deseo de huir de responsabilidades y problemas.

PECHO: El pecho es signo de erudición, sabiduría, afabilidad, piedad y rectitud. El pecho a veces representa el dinero del soñador. Un pecho ancho nos habla de generosidad; estrecho, de avaricia; un pecho de piedra se refiere a un corazón duro; dolores en el pecho nos remiten a dinero malgastado; velludo, es presagio de prosperidad y ganancias. Si una mujer casada sueña un amplio y velludo pecho es anuncio de inesperada viudez; unos femeninos pechos exuberantes y bien formados son presagio de salud y larga vida; pero si viéramos un pecho traspasado por un puñal o navaja, lo que predice son malas noticias.

PEDRADA: Dada o recibida presagia relación amorosa con persona de dudosa moral.

PEGAMENTO: Soñarse pegando algún objeto es señal de que un amigo al que subestimábamos nos prestará una importante ayuda. Si se viera las manos sucias de pegamento es presagio de problemas con gente intrigante.

PEINE Sueño que revela preocupación por la apariencia. Su principal interpretación estaría en la facilidad o dificultad con que se peina; peinarse con facilidad presagia amistad, beneficios honrados y tranquilidad en la resolución de asuntos personales; si se hace con dificultad, predice éxito después de grandes esfuerzos y disgustos, confusión en los asuntos. Peinar a otra persona revela paciencia, perdón y olvido de injurias pasadas; hacerlo fácilmente vaticina prosperidad y abundancia; con dificultad, problemas en las empresas. Una tradición afirma que peinarse la barba es promesa de solución de conflictos en los negocios; mejoras y ganancias para los agricultores; para el que sufre, alivio del dolor.

PELÍCANO: Se afirma que el pelícano es símbolo de abnegación y sacrificio, pero una tradición advierte que cuando lo soñemos debemos cuidamos de una persona desequilibrada que nos pondrá en una situación de peligro.

PELOS: El pelo, como el vello, es signo de virilidad y vigor cuando se encuentra, en la debida proporción, en brazos, piernas y pecho; si aparece en exceso o en una mujer, lo que denota es que el durmiente se deja llevar por los instintos y la sensualidad; este sueño suele ser un llamado a poner freno a esa vida. Verse lampiño revela una gran falta de carácter. Si el durmiente viera que brotan pelos en todo su cuerpo es presagio del embarazo de su esposa; pero si se le caen en abundancia lo que augura es empobrecimiento.

PELOTA: Si el soñador adulto se viera jugando a la pelota refleja su deseo inconsciente de retornar a la infancia para huir de un presente poblado de preocupaciones. Popularmente se afirma que jugar a la pelota presagia el pago de una deuda vieja, y verla rebotar que el pago tardará.

PENDIENTES: Si una mujer soltera sueña que se asombra al mirar sus pendientes es aviso de próximo matrimonio; si es casada augura dulce embarazo; si un hombre sueña que lleva puestos unos pendientes es presagio de matrimonio con una mujer de diferente estrato social, además de problemas y decaimiento de su situación económica.

PENSAMIENTO: Soñar con la hermosa flor de ese nombre nos avisa que alguien querido nos recuerda; además es una invitación a la reflexión y meditación tan necesarias para tomar acertadas decisiones.

PEQUEÑO: Ver objetos empequeñecidos revela nuestra necesidad de atención y cuidados; si vemos a alguien conocido reducido de tamaño, este sueño nos invita a valorar más a esa persona.

PEPINO: Soñarse comiendo pepinos presagia fracaso amoroso que dejará muy herido al durmiente; si éste le ofreciera pepinos a alguien augura que inocentemente y sin planearlo causará daño a un ser querido.

PERA: Ver un árbol de peras seco o con los frutos caídos es señal de que estamos descuidando nuestros asuntos. Las frágiles y efímeras flores blancas del peral nos hablan del carácter perecedero de la vida, por eso verlas frescas y bellas es presagio de logros importantes en la vida, de deseos realizados y felicidad; verlas marchitas y cayendo predicen enfermedad y muerte de alguien cercano y querido por nosotros. La pera madura augura gratas satisfacciones; peras verdes anuncian días de inquietud de los que el soñador se recuperará tras largo esfuerzo. Se dice que cosechar peras en sueños vaticina herencia.

PERDIZ: Soñar con una perdiz es llamado y presagio de amor y lujuria; también revela relaciones y amistades placenteras. Matarla augura traiciones, engaños y fraudes; comerla predice riquezas, pero también depresión por un suceso que dejará marcado al soñador.

PEREGRINO: La vida es un peregrinaje continuo, pues es transitoria y desconocemos hacia dónde vamos y por qué; cuando llevando una vida feliz soñamos que peregrinamos amargamente o siendo desdichados soñamos que lo hacemos llenos de esperanza, es debido a que nuestro inconsciente nos prepara para un futuro incierto. El aspecto del lugar por el que peregrinamos, el sol, el cielo, el aire, los animales y la compañía que tengamos, nos dará la interpretación del sueño.

PERFUME: El perfume, debido a su sutil y real existencia, simboliza una presencia espiritual que puede ser considerada como la naturaleza del alma de quien lo lleva. La presencia de un perfume aún después de que la persona se ha ido nos habla de permanencia y recuerdo, nos produce sentimientos de nostalgia. Un perfume que se desprende de nosotros o de otra persona, si es suave y agradable, nos habla de buenas personas y sentimientos; fuerte y desagradable, nos recuerda gente primitiva de malos sentimientos. Otra tradición afirma que el perfume representa la reputación del durmiente; un perfume de grato aroma significa que es respetado y valorado; si el aroma es antipático al olfato pronostica que recibirá palabras agraviantes. Si se soñara que pese a oler con insistencia un frasco de perfume no percibiera su fragancia, es señal de la insignificancia del durmiente, de su falta de carisma e influencia.

PERIÓDICO: Leer en sueños el periódico siempre es presagio de malas noticias o escándalos; también nos previene contra el peligro; si leemos los anuncios, lo que indica es la necesidad de un cambio en nuestra situación social, profesional o familiar.

PERLA: La perla sola simboliza amor, pureza e idealismo y siempre lleva en ella la promesa de una relación amorosa o afectiva; si aparecen como parte de un collar o rosario que se rompe y las perlas caen esparciéndose por el suelo, lo que auguran son desgracias o reflejan el temor a no conseguir lo anhelado. En su acepción popular la perla es símbolo de riqueza y lujo, si el durmiente se viera como poseedor de perlas, si las cuenta o las vende, lo que presagia es dolor y tristeza.

PERRO: El perro simboliza la amistad y fidelidad, siempre que se le tenga en libertad, un perro amarrado se vuelve un enemigo dispuesto a atacar. Si nos mantenemos fieles a nosotros mismos en el sueño, el perro nos mostrará su aprecio y lealtad; si nos apartamos de nuestra naturaleza, el animal apoyará su cabeza en nuestro regazo con mirada suplicante, como rogándonos que volvamos al buen camino. Cuando el soñador se negara a sí mismo su parte instintiva, el perro se mostrará agresivo, como diciéndonos que debemos enfrentarnos a nuestro interior. Ver uno o más perros dormidos presagia paz y tranquilidad en el seno familiar; oír su ladrido presagia peligro; pero si aullara, lo que predice es una muerte próxima; si vemos a un perro amenazado señala que una relación afectiva corre riesgo de fracasar; pero si fuera negro nos previene contra un enemigo peligroso. Perros peleándose son aviso de próximo altercado y un perro flaco y enfermo nos avisa de un amigo deprimido. Es de mal agüero soñar con un perro rabioso, excepto si el durmiente lograra matarlo. En general, soñar con perros expresa una gran necesidad de afecto y compañía.

PIEDRAS: La piedra simboliza la dureza, durabilidad, resistencia, tenacidad y perseverancia; en su lado negativo, la terquedad y obstinación. Debido a que hay piedras de lenta e imperceptible evolución, como la volcánica, también representa el endurecimiento de los sentimientos. La piedra con el tiempo se disgrega, trasformándose en arena y piedrecillas, lo que vendría a significar el desmembramiento, separación, enfermedad, derrota y muerte; por su dureza sirve para edificar, pero también al tropezar con ella se trasforma en obstáculo, de ahí su carácter ambivalente. La piedra que se atraviesa en nuestro camino es un obstáculo, una prueba, su importancia será proporcional a su tamaño. Si soñamos con una gran extensión de piedra es una advertencia contra nuestra dureza de sentimientos, que sólo se dulcificará si en el trascurso lloviera. Un camino cubierto de piedras expresa nuestra resistencia al cambio; si llegásemos a caminar sobre ellas, éste será muy difícil. Una piedra con una hendidura presagia enfermedad o división familiar; rota o despedazada pronostica desintegración de la familia, negocio o disgregación de la personalidad; también puede simbolizar a una persona de pocas ambiciones y dura de sentimientos. Si en el sueño una mujer pusiera una piedra sobre el durmiente refleja su triunfo sobre un hombre; si la pusiese un hombre anuncia su matrimonio con una mujer de limitada inteligencia. Si vemos caer piedras del cielo es siempre vaticinio negativo, anuncia la llegada de un cobrador, un tirano, o una persona de duro corazón, siempre dispuestos a hacer daño; si se rompiera al caer y se hiciera pedazos, en todos los lugares adonde llegasen ocurrirán desgracias. Si levantara una piedra grande y muy pesada pronostica sufrimiento; si la arrojase lejos de sí, alivio de inquietudes. Si sueña que lo convierten en piedra significa que se endurecerá tanto su corazón que hasta perderá la fe en la divinidad; si esto lo soñara un enfermo, su estado empeorará hasta causarle la muerte.

PIERNAS Y PIES: Las piernas y los pies simbolizan el desplazamiento y la libertad de movimiento, son el soporte básico de nuestro cuerpo y nos dan estabilidad y contacto con la tierra; representan los pasos que damos para encaminar nuestra vida. En algunas culturas es signo de humildad y reverencia, como se aprecia en la costumbre de honrar a la persona lavando y besando sus pies. Verse privado de piernas o pies, o con alguna malformación que produzca cojera, simboliza nuestra debilidad de carácter y falta de energía que nos impiden actuar; percibirse sin piernas, sin que esto afecte al durmiente, denota que sus cualidades y conocimientos no son suficientes para llevar a cabo la empresa hace poco iniciada. Ver a un conocido sin piernas o pies significa que lo sobrevaloramos. Mirarse sólo las propias piernas predice un viaje; pierna de madera vaticina disgustos. Pies descalzos denotan despreocupación frente al futuro; con zapatos que le quedan pequeños reflejan las restricciones a las que el durmiente está sometido; dejar huellas es señal de la importancia de los actos que van marcando nuestro paso por la tierra; pero si vemos sólo unas huellas debemos estar atentos, pues alguien cercano desaparecerá de nuestra vida; pies calzados son símbolo de status y clase; anchos presagian aflicciones; sucios, llagados o deformes, vaticinan todo tipo de obstáculos; lavarse los pies predice el fin de nuestros trabajos y sinsabores.

PIMIENTA: Cuando soñamos pimienta es muy buen presagio para la familia, negocio y bienes del soñador y todo aquello que tiene en alta estima.

PIMIENTO: Soñar con pimiento presagia rencores.

PINO: Este árbol de hoja perenne simboliza la longevidad e inmortalidad. Ver un pino presagia el encuentro con un hombre anciano y sabio que viene de lejos; un bosque de pinos augura tranquilidad y sosiego; si en el sueño somos testigos de la tala de pinos es terrible presagio de muerte.

PIÑA: Los sueños con esta fruta predicen malas noticias provenientes de una persona que se encuentra lejos y que sólo serán conjuradas con su regreso.

PIOJOS: Soñar con piojos suele ser presagio de abundancia, pero si nos llegaran a picar simboliza a una persona que por codicia trata de perjudicarnos con sus intrigas.

PIPA: Soñar fumando una pipa revela una vida tranquila y pacífica, rodeada de fieles amistades; si la pipa se rompiera presagia ruptura con un amigo o su muerte.

PLATA: La plata, al ser identificada con la luna, es símbolo de lo pasivo y femenino; siempre es benéfica, excepto cuando la soñamos ennegrecida. Si el durmiente hallara un lingote u objeto de plata presagia que recibirá la ayuda y beneficio de una mujer; si fuera de oro, el apoyo vendrá de un hombre. Si la plata hallada estuviera ennegrecida es augurio de graves pérdidas, posiblemente causadas por una mujer; si no fuera así, el perjuicio estará relacionado con el objeto encontrado.

PLÁTANO: Aunque por su forma el plátano es símbolo sexual masculino, una tradición afirma que representa a un amigo excesivamente susceptible.

PLAYA: La playa de nuestros sueños deberá interpretarse de acuerdo a su aspecto y a las circunstancias que nos llevaron a ella. Si arriba a la playa tras una tempestad o naufragio es señal de que será salvado de acechante peligro. Si vemos la playa desde tierra y el mar está tranquilo, revela la necesidad de relajación y descanso, así como nostalgia por una época en la que vivimos llenos de gran serenidad. Una playa poblada de gente denota nuestro deseo de una vida social más intensa. Si viéramos la playa llena de piedrecillas que dificultan nuestro caminar, predice que para alcanzar lo anhelado hemos de superar muchas dificultades.

PLUMAS: Por su ligereza y facilidad con que se elevan por los aires simbolizan, en casi todas las religiones, la capacidad para elevar las plegarias a los dioses; son mensajeras que también traen respuesta de la divinidad. En el sueño se mantiene su significado: cuando las vemos volar ligeras es reflejo de nuestra alma etérea, amante de la vida espiritual;

pero la circunstancia en que la vemos y su color también carga de otros sentidos este sueño; blancas, nos anuncian bienes y felicidad; negras, aflicciones y conflictos en los negocios; de bello aspecto, auguran éxito; sucias, daño a la reputación del durmiente; quemarlas predice retraso de toda índole, y comerlas, enfermedad.

POLLITOS: Un sueño en el que vemos polluelos revela la necesidad de formar un hogar y tener una familia a la que prodigar nuestro amor desinteresado; si la gallina no nos dejara acercarnos es señal de que un miembro de la familia dificultará que se cumplan pronto nuestros anhelos.

POLVO: Soñar con cantidades de polvo que no es molesto ni ensucia es muy buen augurio para las ganancias del durmiente; si se viera sucio o manchado de él presagia pobreza; si vemos polvo levantado por caminantes vaticina viaje o mudanza.

POZO: Tal como el agua simboliza el inconsciente, el pozo representa la comunicación con lo más profundo de éste, así como también las necesidades vitales que son irremplazables. Un pozo bien construido, destapado y provisto de agua, es símbolo de la sinceridad, rectitud y contento, pues refleja la capacidad para sacar del fondo de nuestro ser dones y habilidades.

Un pozo que no cumple sus funciones o está vacío, nos habla de represión y significa todo lo opuesto. Caernos al fondo de un pozo sin ser liberados es una de las peores premoniciones, pues señala que hundidos en el inconsciente, estamos perdidos en la locura y la desesperación. Otras tradiciones afirman que sacar agua clara de un pozo anuncia un matrimonio feliz, y desdichado, si saliera turbia. Un pozo construido dentro de la propiedad del durmiente y lleno de agua augura prosperidad y riqueza; pobreza, si el agua estuviera muy baja; chismes y secretos divulgados a costa de su reputación, si se desbordara. Soñar un pozo público en que los caminantes sacien su sed pronostica benefactor o renovación para la localidad donde esté ubicado; si se desbordara, desastre público. Un pozo de agua fresca y dulce hallado en insólito lugar es el mayor presagio de éxitos; si de éste el cubo saliera lleno es señal de que hallará rápida solución a agobiante problema; salud para el enfermo; libertad para el preso; feliz parto para la mujer embarazada; etcétera. Si se soñara cavando un pozo predice negocios con una mujer; cegarlo, enfermedad de la esposa o hijo; descender a uno, viaje; arrojarle algo, peligro, y caerse a uno, muerte.

PRIMAVERA: Después de una mala racha en nuestra vida solemos tener sueños primaverales, pese a estar en invierno, en los que verdes prados, árboles en flor y un tibio sol, se combinan para traernos un mensaje de nuestro inconsciente: lo peor ya pasó y pronto se iniciará una nueva primavera en nuestra vida, plena de posibilidades. Es posible que este sueño aparezca como una nostalgia por la juventud perdida o un amor que ya se fue, lo que denota nuestra capacidad para aceptar la realidad.

PRÍNCIPE: Este sueño de juventud revela el ansia de supremacía y poder, y también las virtudes y ambiciones que aún no terminan de tomar un rumbo definitivo en la vida. También soñarse como héroe o príncipe revela un ansia de poder y supremacía sobre los demás; suele aparecer en la juventud pero, si se soñase durante la edad adulta, lo que denota es nostalgia por los tiempos idos y un espíritu excesivamente romántico.

PUENTE: El puente es un enlace o transición entre dos circunstancias diferentes. Soñar un puente ubicado en un paisaje florido e iluminado es un excelente presagio para el futuro del durmiente; si no se atreviera a cruzarlo lo que denota es incertidumbre acerca de lo que vendrá más adelante y un deterioro paulatino en su vida. Un puente en ruinas, desvencijado, construido sobre hielo, si se quema o se hunde lo que augura es enfermedad y peligro; si estando a medio camino de atravesarlo, un carruaje o coche lo recogiera, vaticina un giro brusco del destino; si terminando de cruzarlo caminara sobre suelo firme, en un lugar agradable, encontrándose con gente de rostro amigable, es un buen presagio de positivos cambios y modificaciones en la vida del soñador. En tanto el puente no es un lugar estable y sólo nos sirve de tránsito, la premonición será negativa si nos quedamos a vivir en medio de él, si no llegamos al otro lado o si nos regresamos. En general, el paisaje total del sueño: el lugar de donde partimos, aquel al que debemos arribar, los peligros que afrontemos o las facilidades o ayuda que recibamos, nos darán una interpretación más acertada.

PUERCO: El puerco simboliza deseos básicamente sensuales y la manera en que el soñador habrá de procurárselos. Cerdos gordos anuncian riqueza y bienestar; flacos y desnutridos predicen miseria e indigencia.

PUERROS: Soñar con puerros presagia salud para el enfermo, pero para cualquiera sólo anuncia disputas familiares.

PUERTA: La puerta es un lugar de paso, lo que deseamos saber es si la cruzamos o no y sobre todo qué encontraremos del otro lado. Suele aparecer en sueños en una situación de crisis, y cuando un cambio definitorio se presenta en nuestra vida, generalmente aparece custodiada por fieros animales que nos dificultarán la entrada. La puerta abierta siempre revela una solución al problema y lo que se vea tras ella indicará si ésta es para bien o para mal. Si por su dimensión se nos dificultara el paso, lo que presagia son grandes sacrificios; si estuviera cerrada y tuviéramos que tocar, lo que anuncia es que aún no ha llegado el momento definitivo para dar respuesta al conflicto que nos agobia. Varias puertas simbolizan muchas soluciones a un conflicto, entre las que tenemos que elegir. Otra tradición afirma que la puerta simboliza la seguridad que posee quien la sueña; si la puerta de la casa es de buen aspecto, resistente y sólida, presagia mejora en las rentas o ingresos; rota o caída, es premonición de toda suerte de desdichas; si estuviera tapiada o hundida avisa que algún miembro de la familia correrá gran riesgo, pero si fuera de hierro lo que anuncia es la seguridad total. Abrir una puerta bien constituida vaticina éxitos en los negocios que asegurarán el porvenir del durmiente; cerrar la puerta presagia conflictos familiares; derribarla, anuncia malas noticias, y pintarla, próxima mudanza.

PUERTO: Soñar que arribamos a salvo a un puerto indica que una etapa de nuestra vida ha concluido o que por fin logramos estabilizar nuestra situación. Si emprendemos viaje desde un puerto, el sueño deberá interpretarse de acuerdo a de donde partimos, hacia dónde planeamos ir, el tipo y condición de la embarcación, así como el clima y las sensaciones del durmiente. Si soñamos un puerto, pero no emprendiéramos un viaje, simboliza nuestro temor a enfrentarnos a una situación nueva en la vida, o una separación; en todo caso refleja el deseo de evasión. Popularmente se dice que soñar con un puerto nos avisa que arribarán buenas nuevas.

PULGAS: Las pulgas revelan lo que son en realidad: pequeñas molestias; en el sueño esta incomodidad puede ser real o imaginaria; o puede ser causada por pesados desplazamientos innecesarios y enojosos. Si el durmiente se viera picado por una, lo que presagia son chismes por parte de los vecinos.

PULMONES: En sueños los pulmones suelen representar a las hijas del durmiente. Si estuvieran sanos y enteros presagian triunfos, honores y larga vida; doloridos, predicen enfermedad y vida corta; despedazados, auguran fracaso en los negocios; pulmones tuberculosos, grandes pérdidas. Ver en sueños los pulmones de un animal vaticina apoyo de un conocido, cuya visita no nos será grata o herencia de persona adinerada.

PÚLPITO: Si el soñador se viera ubicado en un púlpito es muy buen presagio, ya que tras una muy grata sorpresa verá incrementarse su fortuna.

PULPO: Éste es uno de los monstruos que más aparece en los sueños; verlos es muy mal presagio, que será peor en tanto la emoción que nos invada en el sueño sea más intensa. En caso de que luchemos contra él o lo destruyamos, simboliza a una persona molesta que desea acapararnos, también representa el afán de pelear contra todo y pasar por graves peligros con tal de lograr nuestros más caros anhelos.

PUÑAL: El puñal, que en los sueños se equipara al cuchillo, simboliza nuestro deseo de agresión y violencia; llevarlo oculto entre las ropas representa desconfianza justificada y el deseo inconsciente de hacer daño; encontrar uno presagia reconciliación con una mujer; amenazar a alguien con uno, denota celos, y golpear con un puñal nos anuncia que nuestros esfuerzos resultan inútiles. Debido al tamaño de esta arma es signo de que el agresor no tiene ningún poder y sus anhelos son de muy corto alcance.

PUÑO: El puño cerrado siempre refleja rabia, impotencia, agresión y violencia; si el soñador viera sus puños lacerados es presagio de malas noticias; recibir un puñetazo predice pérdida de la libertad o del empleo debido a emociones descontroladas. Comprar puños de camisa anuncia próximo matrimonio al soñador y lucirlos en un vestido o traje augura triunfos que le ocasionarán agradables felicitaciones.

PUS: Soñar que se ve o tiene pus en una herida simboliza proyectos que de llevarlos a cabo perjudicarán al durmiente.

PUPILAS: Si en el sueño llamaran su atención unas grandes pupilas es presagio de buenas y ansiadas noticias de alguien lejano; si por el contrario lo que nos atrajera fuera su pequeñez, augura que seremos víctimas de terribles desprecios.

PUTREFACCIÓN: Cuando algo se pudre significa que se destruye para poder renacer en otra forma, dar nuevos frutos y por tanto iniciar una vida nueva. Si en el sueño aparece algo podrido simboliza que pensamientos y sentimientos, estorbosos para prosperar en la vida, serán destruidos mejorando nuestra condición.

QUEMADURAS: Si soñamos que tenemos una quemadura o sentimos su olor, lo primero que se hará al despertar será revisar la parte afectada en sueños porque podría ser señal de una leve inflamación aún no perceptible a simple vista. Si vemos que alguien se quema es presagio de una enfermedad inflamatoria. Pero si esto no fuera así, lo que anuncia son disputas y peleas que originarán la pérdida de una amistad o de bienes materiales.

QUEPÍ: Soñar que se lleva puesto un quepí anuncia que al durmiente no le faltarán buenas amistades y compañerismo.

QUESO: En general, soñar con queso es presagio de seguridad doméstica y material; sólo si lo comiera espere pequeños e irrelevantes beneficios.

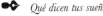

QUIMONO: Si soñara que lleva puesto un quimono sólo es reflejo de su gran vanidad que deberá controlar.

QUISTE: Soñar que se tiene un quiste es señal de una falta cometida que deberá remediarse para evitar que los remordimientos lo destruyan emocionalmente.

RÁBANO: Es de muy buena suerte soñar con rábanos, pues presagia buenas noticias y salud para el enfermo; en caso de comerlos, lo que augura es una vida feliz y pacífica.

RAMA: La rama, al igual que la de olivo, en el diluvio, y la de palmera, del Domingo de Ramos, simboliza el homenaje que se rinde al triunfador y la inmortalidad de su gloria. Sólo si fuera una rama verde, encendida y llameante, lo que representa es la perennidad del amor aún para el más desesperanzado.

RAMO, RAMILLETE: Éste representa la vida emocional del soñador, los sentimientos y en especial el amor; para interpretar este sueño debemos observar si las flores son de nuestra preferencia o si por el contrario nos disgustan, de la misma manera contemplar si están lozanas o marchitas.

RANA: Debido a su repugnante apariencia y a su molesto e incesante croar, las ranas, tanto como los sapos, son consideradas de mal agüero. Cuando se sueña con ranas es presagio de la llegada de desagradables vecinos y si además se oyen croar, éstos nos perjudicarán con sus chismes y habladurías. Si quien las soñara fuera un estudiante puede ser reflejo de su gusto por la naturaleza; si fuera una persona que deteste sobremanera a estos indefensos animales el mal augurio será aún peor. El vaticinio se torna positivo si la rana le hablara, lo que significa que será beneficiado por amigos, y si comiera su carne, anuncia gran prosperidad.

RASTRILLO: Soñar que usamos un rastrillo de jardinería es excelente pronóstico de beneficios y éxitos en el trabajo.

RATAS, RATONES: Debido a su presencia huidiza y nocturna, a su horrible aspecto y a que continuamente nos roban alimentos y trasmiten enfermedades, su presagio suele ser negativo. Las ratas simbolizan angustias que nos están "royendo" por dentro, robándonos la calma, representan acciones malas realizadas en tiempos pasados. También suelen representar un erotismo morboso. Los ratones simbolizan lo mismo, pero en menor grado. Una tradición cuenta que este animal representa en sueños a un hijo del durmiente o persona que depende económicamente de él. Ver una rata dentro de casa revela preocupación por un niño de la familia; fuera o huyendo es aviso contra algún ladrón; si viera muchas ratas, lo que denota es la presencia de enemigos ocultos.

RAYO: El rayo simboliza el poder divino; en nuestros sueños siempre adquiere un significado negativo, pues representa un castigo del cielo por nuestras faltas.

REBAÑO: El rebaño representa la necesidad de sentirse acompañado de otras personas parecidas a nosotros. Si un hombre de ciudad soñara con un rebaño refleja su temor al futuro en soledad y su deseo de integrarse a un grupo, ya sea formando una familia o buscando la aceptación de amigos y compañeros; si quien lo soñara fuera un campesino, es presagio de fortuna tan grande como el tamaño del rebaño que vea. Se dice que este sueño suele ser un buen presagio de salud y todo tipo de satisfacciones.

RECÁMARA: Una recámara amplia, limpia y muy bien arreglada es señal de armonía conyugal y felicidad familiar; si fuera pequeña, sucia y de mal aspecto revela problemas y difíciles conflictos en la pareja.

RED: En sueños la red simboliza algún complejo sicológico, vicio o conflicto que altera la tranquilidad espiritual del durmiente e impide el desarrollo normal de su personalidad. También se afirma que para las personas de alto grado de espiritualidad simboliza su ansia de capturar a la divinidad. Luchar por liberarse de una red significa que el soñador se siente terriblemente aprisionado por un problema o costumbre del que, pese a su gran esfuerzo, no se puede desprender. Si dejara de luchar, lo que representa es su resignación. Si en el sueño nos viéramos pescando, queremos capturar los recuerdos del pasado que se escapan como peces; si atrapamos peces muertos es señal de tristes recuerdos; también se afirma que pescar denota el anhelo de penetrar profundamente dentro de uno mismo con el fin de conocerse mejor. Si la red se rompiera revela el miedo a perder lo conseguido; si la reparamos queremos solucionar algún problema del pasado que pone en riesgo una importante relación.

REFRESCO: Se dice que si en sueños se viera bebiendo un refresco es muy buen pronóstico de éxito y prosperidad en su trabajo.

REGALO: Recibir un regalo presagia próximo enlace en la familia del durmiente. Si le hicieran un regalo de algo que despierto anhela poseer es pésimo augurio de ruptura con la persona que se lo otorgase.

REJA: La reja simboliza en sueños obstáculos que serán interpretados de acuerdo a la solidez y material del que esté construida. Si el soñador se viera tras las rejas es señal de qué pronto se verá libre de una relación que lo tenía esclavizado.

REJUVENECER: Al llegar a la edad adulta solemos ver reflejada en sueños nuestra gran energía y vitalidad apareciendo de menos edad de la que tenemos en la vida real. Si en el sueño nos viéramos mucho más jóvenes de lo que somos y hacemos cosas realmente inapropiadas, es una invitación a reflexionar sobre todos nuestros actos para evitar caer en vergonzosas situaciones.

RELÁMPAGO: El relámpago representa una advertencia de la divinidad, una intervención súbita en nuestra vida que nos conmina a rectificar errores y tomar el camino correcto. Un relámpago nos ciega la visión y nos obliga a mirar hacia nuestra interioridad; pero si lloviera es señal de una purificación y renovación. También suele significar que llegará un elemento imprevisto a la vida del soñador que cambiará de manera repentina y drástica.

RELOJ: En sueños el reloj representa el ritmo de nuestra vida. Si estuviera detenido es terrible augurio, ya sea porque nos quedamos estancados en alguna etapa de nuestra vida o porque nuestra existencia ha llegado a su fin; si está atrasado nos avisa que llevamos un ritmo de trabajo demasiado lento y que la situación nos puede rebasar; adelantado nos dice que no debemos vivir tan aceleradamente pues arriesgamos nuestra salud. Si sus manecillas giraran desenfrenadas o miramos insistentemente el reloj denota nuestra desesperación por un ritmo de vida que, de no detenerlo, nos llevará a la ruina física y emocional. Algunas veces la hora que marca el reloj nos revela el significado del sueño; por ejemplo, si estando en una estación del metro, el reloj marca las seis o el inicio del atardecer es señal de que empieza el declinar de nuestra existencia y debemos aprovechar intensamente el tiempo que nos falta por vivir; si estando en crisis, presos de la desesperanza, soñamos que en un reloj dan las doce del día, lo que anuncia es que se inicia una etapa plena de oportunidades y que aún nos queda mucho tiempo por delante.

RELOJ DE ARENA: Este artefacto representa la vida del soñador, su familia y sus bienes. Si la arena hubiera pasado totalmente a la parte inferior es pésimo presagio de empobrecimiento o, lo que es peor, pérdida de algún miembro de la familia; si el reloj se rompiera, desperdigándose toda la arena, es augurio de muerte para el durmiente.

RELOJERO: Si se sueña realizando el papel de un relojero es un llamado a liberarse de pequeños problemas que a la larga le crearán complicaciones.

REMIENDOS: Soñarse remendando una prenda presagia que los problemas se irán acabando poco a poco y que algún miembro enfermo de la familia pronto recobrará la salud; si remendara alguna prenda propia es augurio de riñas familiares.

RENDICIÓN: Si en sueños dejamos de luchar, lo que simboliza es que estamos renunciando a nuestros valores y principios morales con el fin de conseguir determinado beneficio económico, esto nos vuelve serviles y nos pone a los pies de aquella persona frente a la cual nos rendimos.

REPTILES: Debido a su primitivismo, sangre fría, terrible voracidad y sinuoso reptar sobre su vientre los reptiles representan en sueños nuestros bajos instintos y frialdad de sentimientos. Si somos vencidos y devorados por un reptil es señal de que nuestros instintos son más fuertes que nuestra voluntad y nos esclavizan; si logramos dominarlo denota la fuerza interior que tenemos para controlar nuestros instintos. También se afirma que debido a su capacidad de trasformación representan la energía, dinamismo y el poder de cambio; cuando aparecen en nuestros sueños nos anuncian que hay algo en nuestra vida que debemos cambiar y que por temor no lo hacemos, atrevernos significaría un crecimiento espiritual y una mejoría material.

RESBALAR: Este sueño es señal de temor, angustia e inseguridad; si nos vemos resbalando es un aviso de peligro, pues debido a extraños movimientos financieros, dudosos negocios o a querer lucir excesivamente listos, corremos el riesgo de perderlo todo. También simboliza el miedo a no contar con los medios y habilidades necesarios para salir adelante.

RESCATAR: En este sueño el durmiente se ve trasformado en héroe, ya sea el clásico que rescata a la princesa de terribles peligros, o el moderno que con sus habilidades logra cubrir el rescate para liberar a un secuestrado o que con su fuerza salva a una víctima de las llamas. En tanto en el lenguaje de los sueños dinero y energía se equiparan, cualquiera que sea la lucha y el obstáculo vencido, siempre representa el debatirse de la voluntad y la razón contra los bajos instintos; el esfuerzo físico y espiritual para vernos libres de un vicio, conflicto o sentimiento que en nada nos beneficia y que quiere dominarnos.

RETRASO: Si en el sueño nos vemos llegando con retraso es señal de que estamos perdiendo grandes oportunidades en nuestra vida por llevar un ritmo demasiado lento; si el metro llegara atrasado y no lo esperamos presagia que nuestra impaciencia y desesperación hará que perdamos buenas ocasiones de crecer y superarnos. Aquello que en el sueño origina el retraso o la impaciencia simboliza nuestros defectos e impedimentos.

RETRETE O CUARTO DE BAÑO: Pese a que por prejuicios pueda parecer un sueño sucio, es uno de los más completos, puesto que el cuarto de baño y el retrete son los lugares donde purificamos nuestro cuerpo por fuera, al bañarnos, y por dentro, al limpiar nuestra vejiga e intestinos. Este sueño suele aparecer en épocas conflictivas y revela la necesidad de expulsar algún trauma, sentimiento de culpa o inhibición que nos perjudican, logrando así una purificación síquica y espiritual que nos hará recuperar el equilibrio emocional. Una tradición bastante reconocida relaciona el excremento con dinero, soñarlo simbolizaría mejora económica o conclusión satisfactoria de algún proyecto.

REY, REINA: El rey, tanto como la reina, reúne en sí mismo todos los anhelos de poder, autonomía, conocimiento y capacidad de gobierno; en resumen, es el modelo más importante de perfección .y autoridad. Si se viera coronado en sueños o realizara el papel de rey o reina es señal de que ha llegado al punto culminante de su existencia y realización personal; pero en su aspecto negativo representa un ansia incontrolada de poder, una exacerbada ambición. Si los reyes fueran otros, reflejan a los padres o a aquellas personas de quienes dependemos y hacen gala de autoritarismo; el contexto del sueño y las emociones que despierte en el durmiente darán la interpretación más adecuada.

REZAR: Si nos vemos rezando en sueños revela un sentimiento de culpa que nos agobia despiertos, pero que no queremos aceptar; también simboliza un gran problema sin solución lógica posible que sólo nos hace esperar una intervención divina y milagrosa.

RIACHUELO: Según una tradición, soñar con un apacible riachuelo augura que se conseguirá un buen empleo cuya oferta habrá de aceptar. Si el agua estuviera turbia es mal presagio de males ocasionados por acérrimos enemigos.

RIBERA: Ver la ribera de un río lozana y despejada es excelente presagio para el futuro del durmiente; si alcanzara por sus medios la orilla opuesta es augurio de favorable cambio de vida; si algo le impidiera llegar otro lado, los obstáculos le impedirán el triunfo.

RIENDAS: Las riendas constituyen la relación entre la inteligencia y la voluntad; si se rompieran en nuestros sueños es un pésimo presagio, pues simboliza la separación entre cuerpo y alma, la locura o la muerte.

RIÑONES: Así como soñar con el cerebro nos remite al pensamiento, y el corazón a los sentimientos, cuanto soñemos con nuestros riñones le ocurrirá a nuestra fuerza física y al poder para vencer los obstáculos. Afirman que tener unos riñones fuertes y sanos denota gran desarrollo de las facultades mentales y presagia el nacimiento de un hijo sano y talentoso; si se soñara enfermo de los riñones predice la muerte de un hermano o persona cercana que es su brazo derecho; sentir mucho dolor augura empobrecimiento y larga vida. Una tradición popular nos dice que soñar con los riñones bajo cualquier circunstancia es vaticinio de buena salud, bienestar, paz hogareña y felicidad para los hijos del durmiente.

RÍO: Soñar con un río que baja sinuoso por los pliegues de una montaña es un claro símbolo de nuestra vida —y destino— y de todas las peripecias que hemos de pasar en ella. Un río que fecunda las tierras a su alrededor presagia bienestar y posesiones; si se desborda arrasando con todo, augura desgracia, hambre y hasta muerte. Un río de aguas claras vaticina pureza y vida feliz; turbias, denotan malos pensamientos y tristezas; serenas, vaticinan tranquilidad para el durmiente; si fluye libremente revela nuestro deseo de perpetuarnos a través de las generaciones, pero también simboliza el fluir de nuestra energía; si sólo viéramos lejanamente el trascurrir de las aguas es señal de que no estamos aprovechando nuestra fuerza y energía en toda su capacidad. Si el río naciera en la habitación del soñador, predice grandes dignidades; pero si éste cayera a un río que lo arrastra, lo que anuncia es que se verá beneficiado por un golpe de suerte.

ROCA: La roca simboliza permanencia, solidez, tenacidad y resistencia; pero en el lenguaje de los sueños su interpretación se corresponde con el de una piedra grande. Se dice que si se soñara sentado en una roca sintiéndose tranquilo y seguro es un excelente presagio de éxito.

ROCÍO: Es uno de los mejores presagios de suerte y fecundidad, pues al descender del cielo, apareciendo en la madrugada, da inicio a un nuevo día, a una nueva vida. Se cree que soñar con rocío augura el comienzo de un nuevo amor que hará olvidar al durmiente todas las tristezas pasadas.

RODILLAS: Todo lo que ocurra a nuestras rodillas le sucederá a nuestro orgullo y posición en la sociedad. Si nos arrodillamos ante alguien denota sumisión e inferioridad ante la persona que nos rendimos o ante las circunstancias de que nos habla el sueño; rodillas heridas o débiles presagian una pobre situación social; rodillas fuertes y flexibles denotan que se poseen todos los recursos para triunfar y alcanzar el éxito. Popularmente se afirma que, rodillas hinchadas predicen enfermedad en la familia; rotas, muerte para alguien cercano; caminar arrodillado es pésimo augurio de sinsabores, pérdida de posición social y cualquier tipo de catástrofe.

ROMPER: Soñar que rompemos un objeto de la vida diaria o si lo vemos roto es siempre presagio de ruptura, enemistades y peleas; se deberá observar qué es lo que se rompe y si hay otro elemento importante con significado propio; por ejemplo, si rompemos un vaso con agua, desparramándola, simboliza la pérdida de un afecto. Este sueño sólo tiene carga positiva cuando lo que se rompe es un objeto que representa esclavitud y dependencia, como nudos, correas, collares y brazaletes.

ROPAS: La ropa simboliza la apariencia, nuestra imagen ante el mundo, también puede ser un disfraz tras el que escondemos lo que realmente somos. Generalmente quienes sueñan con ropa son las mujeres, lo que revela deseos de elegancia y notoriedad frente al sexo opuesto; esto se interpretará de acuerdo al sentimiento que despertara en el soñador y al color de la prenda. Si el hombre soñara con prendas íntimas masculinas simboliza timidez y temor a las consecuencias de la autosatisfacción; si quien tuviera este sueño fuera una mujer, refleja también timidez, temor al sexo y a la maternidad. Se cree que en cuanto mejor sea la calidad de la tela, mejor será el presagio; si una muchacha sueña con una prenda de raso es anuncio de matrimonio; cambio de ropa, es señal de que se iniciará una nueva etapa en la vida; ropa vieja y sucia es señal de disgustos y penurias; sucia de excremento, es aviso de crecimiento espiritual; limpia denota lucidez y buen sentido del soñador; si se la pone al revés, el durmiente cometerá alguna falta contra la moral; ropa que se quema, peleas familiares; mojada, retraso en las empresas del soñador; desgarrada, el durmiente se verá envuelto en chismes; si se la arrancaran con violencia del cuerpo es muy buen presagio de cambio brusco de suerte y situación.

ROSA: La rosa simboliza la riqueza del alma, la más grande perfección e infinitud de sentimientos, representa el máximo logro, aun pese a sus espinas que nos recuerdan que el placer y el dolor siempre marchan juntos. Las rosas blancas significan pureza, nostalgia por la inocencia perdida y esperanza de feliz matrimonio; para la mujer casada presagia la llegada de un hijo; las rojas, amor apasionado; azul, amor imposible; de oro, realización absoluta. El que una joven sueñe que no se atreve a tomar una rosa refleja su temor natural a las relaciones sexuales. Si un desconocido le ofreciera rosas es señal de triunfo en sociedad; si fuera un muchacho quien se las otorgara a una jovencita es augurio de feliz matrimonio, a la inversa significa lo mismo; si sueña que recoge rosas siempre es presagio de alegrías y contento. Una mujer que se sueñe recogiendo capullos de rosa debe temer un aborto; rosas marchitas anuncian contrariedades; se dice que las rosas amarillas son de mala suerte.

RUBÍ: Soñar con rubíes es feliz augurio de intenso y apasionado amor.

RUEDA: Por su forma circular simboliza todo lo perfecto que procura protección y seguridad; por su movimiento representa la evolución, el destino; por sus radios simboliza nuestra dependencia de un centro, de un dios, cuyo nombre varía de acuerdo a cada religión. El vehículo al que pertenece la rueda representa una etapa de nuestro destino. Si se desprende o rompe la rueda de un vehículo es presagio de toda clase de males, de ruina física, moral y espiritual, de desdicha total. Si caemos bajo las ruedas de un vehículo es el terrible presagio de un destino fatal. Una rueda que gire apacible augura éxito, buen desarrollo de empresas y actividades; si chirría, se presentarán obstáculos que poco a poco venceremos.

RUIDO: Este sueño deberá interpretarse de acuerdo al objeto que produce el ruido. Si no tuvieran causa explicable y desconociéramos su procedencia avisa que el soñador corre grave peligro.

RUINAS: El significado de este sueño debe ser interpretado casi literalmente, pues se refiere a sentimientos, circunstancias, ideas que ya no tienen trasfondo para nosotros y que conservamos por costumbre o por temor a deshacernos de ellos, suelen aparecer rodeadas de sensaciones de tristeza, nostalgia y melancolía. Si aparecieran en nuestros sueños las ruinas de un monumento, templo o ciudad antigua, pero estuvieran en perfecto estado, es muy buen vaticinio de la perdurabilidad de nuestras obras, ideas y creaciones. Se cree que soñar a una determinada ciudad en ruinas es presagio de catástrofe.

RUISEÑOR: Escuchar su armonioso canto es feliz augurio de amor y bienestar.

RULETA: Soñar que se juega a la ruleta revela el deseo de una vida mejor, plena de comodidades, pero también la falta de energía y esfuerzo para conseguirlo por sus propios medios; es por eso que se espera un golpe de suerte que le solucione la vida.

SABIO: El sabio representa el conocimiento y su poder para trasmitírnoslo; suele ser representado por un anciano que nos habla y cuyo benéfico mensaje debemos tomar tal cual.

SACERDOTE: Al igual que soñar con un sabio, revela la necesidad de consejo e iluminación espiritual en algún momento difícil de nuestra vida; si la persona que sueña tiene aspiraciones religiosas, revela su deseo de misticismo y paz en el alma; un sacerdote vestido de negro anuncia duras pruebas; de blanco, paz y fin de problemas y preocupaciones. Se cree popularmente que si se sueña a un sacerdote oficiando la misa es terrible presagio de muerte.

SAL: Debido a su capacidad de conservar los alimentos simboliza la incorruptibilidad; por su poder corrosivo que puede trasformar en estéril hasta la más fecunda tierra, se dice que tirarla es de mala suerte; por su sabor representa también la amargura. En sueños la sal representa el deseo de atesorar fortunas, pero sin olvidar que sólo las espirituales nos llenarán el alma; si sólo buscamos lo material lo único que nos promete es amargura y dolor. Si se sueña con una gran extensión salina o que se derrama la sal refleja lo estéril de nuestro mundo interior y de nuestros esfuerzos que no rinden frutos, La sal en la comida, y especialmente en el pan, es indicio de amistad y hospitalidad. Es muy buen vaticinio entregar o recibir sal, pues denota que contamos con buenas amistades incapaces de negarnos su apoyo.

SALAMANDRA: Una lejana tradición afirma que soñar con este animal de rara hermosura suele significar que cuenta con el apoyo incondicional de abnegadas personas que le rodean.

SALCHICHA, SALCHICHÓN: Ver o comer alguna de estas carnes frías es presagio de lío con la justicia o grave escándalo que nos dejará consecuencias; si quien lo sueña es una mujer lo que predice es ruptura con la pareja.

SALMÓN: El salmón visto en sueños simboliza el coraje y el valor que nos lleva a luchar aun a riesgo de nuestra propia vida; este sueño nos invita a sacar la fuerza necesaria de lo más profundo de nuestro ser, pues llegarán terribles enemigos dispuestos a todo. Si se comiera el salmón lo que vaticina es el triunfo contra todo lo que se le oponga.

SALPICADURAS: Este sueño nos advierte que debemos cuidar nuestros actos y palabras y elegir bien a las personas que nos rodean, pues corremos el riesgo de vernos inmiscuidos en un fuerte escándalo que nos enlodará.

SALSA: Popularmente se afirma que si usted sueña que agrega salsa a un platillo es presagio de larga y dolorosa enfermedad.

SALTAMONTES: Estos molestos animales simbolizan sufrimientos morales y espirituales. Cuando aparecen en sueños presagian ligeras molestias; si los vemos en grandes cantidades, predicen desastres de toda especie.

SALTAR: Si en sueños saltamos hacia arriba es muy buen augurio de mejora de posición; si nos elevamos en el sueño, ascenderemos en la escala social; si saltamos obstáculos son los mismos que debemos pasar en la vida para lograr lo anhelado. Si soñamos que debemos saltar pero no nos atrevemos representa nuestro temor a actuar con ligereza e imprudentemente. Si nos vemos obligados a saltar significa que pronto entraremos en una difícil situación en la que debemos superar todo tipo de pruebas aunque no estemos preparados para hacerlo.

SANDALIAS: Soñar que usamos unas sandalias nuevas es señal de que hay una persona dispuesta a apoyarnos; si estuvieran sucias y viejas presagian que nunca lograremos salir de la penosa situación en que nos hallamos.

SANDÍA: Este fruto cargado de semillas simboliza la fecundidad, ya sea la propia o la de algún proyecto en cierne. Se cree que ver una gran cantidad de sandías presagia tristezas; pero si comiera una rebanada de esta jugosa fruta, pronto recibirá una esperada noticia que le llenará de contento.

SANGUIJUELAS: Soñar que tenemos sanguijuelas sobre la piel presagia pequeñas molestias y problemas a los que les damos demasiada importancia. Se dice que si sueña que le chupa la sangre simboliza su avaricia.

SANGRE: La sangre simboliza los sentimientos elevados, la fuerza de la vida, las emociones y el alma. A veces su aparición en sueños denota el miedo a las enfermedades y accidentes; en las muchachas jóvenes el temor a la menstruación y a la primera relación sexual. Si se soñara sangre sin que causara emociones desagradables, es presagio de prosperidad; pero lograda tras graves disputas, si fuera roja y brotara en cantidad, augura fortuna inesperada; si fuera demasiado oscura, vaticina grave enfermedad para alguien cercano. Donar sangre representa el deseo de compartir nuestros sentimientos; perderla revela que nos dejamos guiar por las emociones sin pensar en las consecuencias; recibirla es lo mismo que recibir el apoyo espiritual y sentimental que esperábamos. La sangre que brota tras un acto de violencia significa que las emociones nos controlan totalmente. Soñar que menstruamos revela sabiduría, fertilidad e intimidad espiritual.

SAPO: Tiene el mismo significado que soñar con ranas, pero siempre su aparición tiene carga negativa, pues su apariencia es realmente tenebrosa.

SARAMPIÓN: Si sueña que usted o alguien cercano tiene esta enfermedad siempre es presagio de sufrimientos.

SARDINA: Pescar sardinas en sueños presagia desagradables noticias; comerlas anuncia próxima escena de celos con su pareja.

SARTÉN: Se dice que soñar con este utensilio de cocina presagia amistad con una persona querida; si quien tuviera este sueño fuera una persona casada es un aviso para evitar conflictos con su pareja.

SAUCE: Es símbolo de la tristeza, pero también de la inmortalidad, pues su hoja nunca muere.

SED: Suele revelar una sed real que sólo a veces logramos saciar en sueños; si logramos satisfacerla presagia adquisición de bienes; si no fuera así vaticina pesares; si bebemos agua caliente o turbia, revela desengaños y decepción. Hay algunos casos en que el soñador no logra mitigar su sed pese a beber agua, en ese caso su anhelo puede ser de carácter místico o religioso.

SEDA: Los sueños en que vemos prendas de seda tienen siempre un trasfondo erótico. Ropa de seda blanca habla de esperanzas de matrimonio; negra, revela un morbo exacerbado; los colores chillones revelan el deseo de atraer la atención, además del significado propio de dicho color.

SELLO: Si es de correo expresa nuestro deseo de enviar o recibir noticias; si estuviera impreso sobre plomo, cera o lacre, representa nuestra necesidad de guardar un secreto que por ningún motivo debe ser revelado; también suele referirse a la virginidad. El contexto del sueño y las emociones que despierte en el durmiente darán la interpretación más adecuada para este sueño.

SEMILLA, SEMBRAR: La semilla representa la planta en potencia, la vida que existe pero que aún no es; sembrarla es poner en movimiento la vida, es trasformar lo potencial en realizaciones; en los sueños la semilla puede representar a los hijos del durmiente, sus negocios, creaciones personales; sentimientos e ideas. De acuerdo adonde la sembremos, cómo se desarrolla y a los cuidados que le demos deberá interpretarse la totalidad del sueño.

SENOS: Los senos siempre revelan maternidad, intimidad, dulzura; calor, protección y seguridad; de ellos brota el amoroso alimento como una ofrenda para el pequeño ser; cuando el sueño va acompañado de estos sentimientos, es excelente presagio de fecundidad y embarazo, para una mujer; de protección y seguridad para un niño y de amor e intimidad para un hombre. Si el sueño estuviera cargado de nostalgia, revela añoranza de la infancia; si por el contrario el contexto fuera erótico es un sueño netamente sexual.

SEPARACIÓN: Se dice que soñar que nos separamos tristemente de nuestra pareja es presagio de fracaso en las empresas y negocios del durmiente.

SEXO: Los sueños de relaciones sexuales son muy frecuentes; ya sea con la propia pareja o con un desconocido, suelen simbolizar deseos no totalmente satisfechos; cuando la pareja de nuestro sueño es una persona conocida revela una atracción hacia la misma. Si en los sueños el sexo toma formas extrañas lo que puede traslucir es una sexualidad monótona y el deseo de experimentar cosas nuevas. Los sueños sexuales con los miembros de la familia deben ser interpretados como de búsqueda de protección y calor humanos. Lo malo de estos sueños sería el no tenerlos.

SIERRA: Cuando soñamos con este utensilio revelamos la necesidad de cortar de manera radical con una situación que nos tiene algo desesperados. Debemos analizar este sueño de acuerdo al objeto que aserramos; por ejemplo, si cortamos una silla, debemos dejar a un lado la pasividad que no nos deja prosperar. Si lo que cortamos es un árbol, estamos acabando con una ayuda benéfica e importante; si es otro quien lo corta, nos veremos privados de un apoyo por culpa de otros intereses.

SILENCIO: El silencio que se produce mientras soñamos tiene dos connotaciones; traduce un sentimiento de culpa cuando al soñar con algo muy íntimo de pronto nos asola un silencio absoluto; si estando en medio de una multitud el silencio nos domina, lo que revela es nuestro temor a pasar desapercibidos.

SOL: El sol representa la vida y la energía, la luz de la conciencia y el intelecto, muchas culturas lo consideran su dios, es el fundamento de toda vida sobre la tierra. Su simbolismo en sueños se deriva de su evolución; en el cielo nace, crece, culmina, decrece y muere, para volver a renacer al siguiente día. Su interpretación será positiva, ya que representa todo lo bueno, calor, luz, brillo, irradiación, energía; y de acuerdo a su posición y aspecto. El sol naciente es indicio de una creciente felicidad y prosperidad; claro y brillante, anuncia abundancia, riqueza, éxito, salud, energía espiritual, esplendor de las capacidades físicas y mentales; a mayor claridad, mayores también serán los beneficios y la abundancia; sol negro o sin brillo es presagio de peligro grave para los negocios, la tranquilidad y hasta la vida del durmiente; un sol escondido por las nubes denota tristeza, dolor y miedo; un sol rojizo anuncia contrariedades.

SOMBRERO: El sombrero que aparece en nuestros sueños está íntimamente ligado a los pensamientos, es un signo distintivo de carácter social; cambiar de sombrero en un sueño implica un cambio de ideas o de condición en la sociedad. Si un hombre lleva un sombrero ridículo, sin percatarse de lo mal que se ve, es reflejo de una actitud también ridícula que todos perciben menos él; llevar un sombrero de copa revela gran altanería y presunción; portar una gorra militar, denota autoritarismo; sombrero nuevo presagia felicidad y bienestar; viejo, predice grandes carencias y pesares; blanco, anuncia poder; ver muchos sombreros augura igual cantidad de preocupaciones.

SOMBRILLA: La sombrilla representa protección y seguridad.

SOPA: Soñar que come sopa presagia la recuperación de bienestar y fortuna perdidos; si se le derrama encima augura esperanzas frustradas.

SORDERA: Soñar que estamos sordos simboliza nuestra renuencia a oír consejos; si es otro el que estuviera sordo es esa persona quien se niega a aceptar nuestros consejos.

SÓTANO: Como sabemos, la casa representa la totalidad de nuestro ser; el sótano simboliza nuestro inconsciente, aquel lugar tenebroso dónde guardamos las cosas que por el momento no necesitamos; donde almacenamos conocimientos, experiencias y posibilidades que no utilizamos, todo lo que aún no sacamos a la luz de la conciencia. El sótano de nuestros sueños nos ayuda a conocernos, a saber cuáles son nuestros miedos y angustias, pero también nuestras potencialidades. Un sótano limpio y ordenado refleja una interioridad rica y ordenada; sucio y desarreglado es una invitación a organizar nuestras ideas, planes, conocimientos y sentimientos para que cuando necesitemos sacar a la luz algo podamos hallarlo fácilmente. Todo lo que ocurre en el sótano sucede en nuestra vida interior, este sueño nos ayuda a identificar los problemas y buscarles solución conscientemente.

SUCIEDAD: Soñar que nosotros estamos sucios refleja un gran sentimiento de culpa; a veces vernos sucios de barro refleja la inminencia de un peligro; si es una persona conocida la que en sueños estuviera sucia de barro ella será quien corra peligro. Cuando cualquier otro ser u objeto aparece sucio deberá interpretarse de acuerdo a él; si es un perro, la que está en peligro es una fiel amistad; si es una recámara, la relación conyugal.

SUICIDIO: Éste es un sueño poco frecuente y suele revelar el deseo de suprimir algo de nosotros que nos molesta, que nos hace infelices; también denota un terrible pesimismo. Si fuera un sueño recurrente es recomendable solicitar la ayuda de un especialista.

TABACO: Se dice que soñar con tabaco significa que una empresa que iniciamos tiene pocas probabilidades de éxito.

TAMIZ: Cuando en sueños aparecemos tamizando algún producto, harina, arena, o cualquier otro, lo que intentamos seleccionar son nuestras amistades, colaboradores, hábitos o decisiones con el fin de hacer una elección correcta; si fuéramos nosotros los "tamizados", la angustia será mayor, pues tendremos el temor de no ser los elegidos.

TAPIZ: En Oriente se cree que el tapiz representa la vida del soñador; su longitud se refiere a la longevidad del soñador y su espesor y solidez habla de su prosperidad; si es corto y espeso, augura abundancia; amplio y delgado, larga vida; un tapiz pequeño y ligero es un pésimo presagio.

TARDE: Los sueños que trascurren en la tarde se refieren al tiempo limitado que nos queda antes de que anochezca; si la tarde es clara y agradable, el presagio del sueño mejorará y empeorará si la tarde está nublada y triste.

TARTA, TORTA: En algunas culturas suele ser una ofrenda para los dioses, por tanto soñar que comemos una refleja la necesidad de alimentar nuestro espíritu.

TATUAJES: Cuando alguien se hace un tatuaje declara su dependencia de la imagen que se graba; conociendo el simbolismo del tatuaje soñado se sabrá también de qué creemos o queremos depender.

TECHO, TEJADO: El techo nos protege de lo que pueda caer de arriba y de las inclemencias del tiempo; soñarlo tiene doble interpretación, una positiva de protección y otra negativa, que revela que el soñador se cierra a las influencias externas. Lo que ocurra en el sueño con nuestro tejado será lo que nos haga sentirnos protegidos o encerrarnos en nosotros mismos.

TEJER, TEJIDO: Soñar que tejemos o que vemos muchos tejidos es siempre presagio de prosperidad, fertilidad y riqueza; si los tejidos se destruyeran por cualquier motivo es vaticinio de desgracia y pérdida de bienes; si en el sueño intentamos tejer y no nos sale bien, lo que revela es infertilidad e incapacidad creadora.

TELARAÑA: Si en el sueño nos vemos atrapados en una telaraña de la que no podemos liberarnos, indica que estamos en una situación conflictiva y delicada de la que no sabemos cómo salir; si soñamos con objetos cubiertos de telarañas, lo que éstos simbolizan será lo que hemos decidido o debemos olvidar.

TELÉFONO: El teléfono ha llegado a simbolizar la comunicación de la pareja o con las personas queridas; si alguien nos corta la comunicación revela nuestro temor al rechazo y al abandono; si no logramos comunicarnos por no haber línea o porque no contestan lo que tememos es la imposibilidad de dicha relación; cuando la comunicación es perfecta, igualmente buena será la relación sentimental.

TEMPESTAD: La tempestad representa en sueños la cólera divina; es una de las formas en que el destino nos pone a prueba; suele presagiar una etapa agitada en nuestra vida de la que saldrán cambios importantes; los demás elementos de este sueño: nubes, lluvia, granizo, rayos, relámpagos, arco iris, nos ayudarán a saber si el desenlace será positivo o negativo.

TERCIOPELO: Cuando esta suave tela aparece en nuestros sueños revela nuestro deseo de relaciones íntimas cargadas de ternura y erotismo.

TERMITAS: Así como las hormigas, las termitas representan el trabajo organizado y productivo, pero a diferencia de las anteriores, es destructor; en sueños simbolizan enemigos que clandestinamente buscan perjudicar al durmiente.

TERREMOTO: El terremoto simboliza el cambio brusco de la vida, que puede ser para bien o para mal; se rompen las bases en las que sustentábamos nuestra seguridad, creencias y hábitos. Es un sueño frecuente al iniciar un tratamiento psicológico y abre las puertas a una trasformación positiva y regeneradora de la personalidad.

TIBURÓN: Popularmente se cree que soñar con un tiburón presagia que se nos asignará una herencia que, por codicia de otros, nunca llegará a nuestras manos.

TIGRE: El tigre representa lo más terrible y fiero de nuestros instintos, y revela nuestro temor a dejar que los instintos venzan a la voluntad y destruyan el equilibrio de nuestra personalidad.

TIJERAS: La mitología griega consigna a una de las Parcas el poder de cortar el hilo de la vida con unas tijeras, es por eso que en la mayoría de los casos es un sueño de carga negativa; soñar con tijeras presagia peleas para los amantes; si las tenemos en las manos auguran calumnias y si se caen al suelo predicen una muerte en la familia.

TINTA: Cuando aparece en sueños suele ser de buena suerte y presagiar prosperidad en todo lo que emprendamos; si se derramase, lo que vaticina son obstáculos en nuestra tarea.

TÍTERES: Simbolizan la manipulación; si manejamos títeres éstos representan a las personas que nosotros manipulamos; si fuéramos los títeres es que alguien nos manipula.

TOCINO: Se cree que soñar con tocino es señal de que el durmiente es una persona excesivamente desordenada que debe corregir su proceder para llevar una vida digna.

TOMATE: Una creencia afirma que soñar que se comen o guisan tomates denota una vida extremadamente aburrida.

TORO: Este rudo animal representa las fuerzas instintivas que deben ser dominadas y canalizadas por el espíritu volviéndose así en fuente de vida y creatividad; si se le reprimiese su explosión sería violenta e irresistible; pero si se las dejase libres llevarían a la aniquilación de la personalidad. Un toro majestuoso y desafiante revela una gran energía creadora; si nos persigue dispuesto a destrozarnos es que interiormente los instintos primitivos están a punto de estallar; la lucha presagiada es muy difícil si no queremos ser derrotados por ellos.

TORTUGA: Para nuestras culturas la tortuga simboliza la longevidad y la protección debido a su capacidad de ocultarse dentro de sí misma para escapar de todos los peligros.

TRÉBOL: Soñar con un trébol, siempre equiparado a la trinidad, es muy buen augurio, mejor cuando tiene cuatro hojas, que lo convierte en gran rareza; es el más conocido símbolo de la buena suerte, tanto en los sueños como en la vida real.

TREN: El tren soñado simboliza el viaje por la vida por un camino establecido; las vías representan el destino y la fatalidad; si soñamos perder el tren, la angustia nos asolará al no poder tomar todas las oportunidades que la vida ofrece; si el tren se descarrila significa el desmoronamiento de nuestros planes, el fracaso; si un tren nos atropella sentimos pavor de perder un valioso bien espiritual y nos aterra el fracaso absoluto.

TRENZAS: Se dice que ver o tocar largas trenzas de cabello es presagio de satisfacciones en la vida íntima.

TRIGO: Soñar con trigo es excelente presagio de prosperidad y fertilidad; la cantidad de riqueza que obtengamos será proporcional a la de trigo soñado; si vemos trigo sobre la cama es augurio de embarazo.

TÚNEL: El túnel es una vía oscura que comunica dos zonas iluminadas; en sueños, simboliza la travesía por la vida, algún camino extremadamente difícil que debemos recorrer para alcanzar nuestra anhelada meta; los túneles largos y estrechos, sombríos e interminables, revelan estados de angustia, de inseguridad e inquietante espera ante algo, material o espiritual, que deseamos con ansia y tememos que no llegue.

U

UMBRAL: El umbral, cuando pertenece a una puerta de entrada, es el punto de transición entre dos lugares o dos mundos; debido a esto, las entradas de los templos representan el punto de transición entre el mundo divino y el humano. El umbral soñado mantiene esta significación, pero lo más importante es nuestra actitud frente a él; pararnos frente a un umbral sin atrevernos a entrar revela que no estamos preparados para iniciar una nueva etapa; si nos mantenemos bajo el umbral o lo cruzamos significa que estamos decididos a comenzar un nuevo ciclo en nuestra existencia; traspasar el umbral de un templo es lo mismo que ponernos al servicio y bajo la protección de la divinidad que rige dicho lugar.

UÑAS: El presagio debe tomarse según su apariencia; si lucen brillantes y bien cortadas son augurio de vida refinada; sucias y descuidadas predicen miserias; si se rompieran vaticinan enfermedad; unas manos sin uñas anuncian pobreza, ruina y pérdida del empleo; uñas que parecen de felino, son símbolo de triunfo sobre los enemigos.

URRACA: La urraca es un pájaro charlatán, ladrón, envidioso y presuntuoso; en sueños presagia malas noticias relacionadas a sus características, es decir, sobre robos, envidias y chismes.

UVAS: Cuando las soñamos en racimos simbolizan la fertilidad y renovación de la vida debido a su gran cantidad de semillas; la unión, a causa de lo juntos que están sus frutos, y el sacrificio, porque deben ser destruidos para producir el vino y nos remiten a la sangre de Cristo. Ver uvas en la estación en que maduran es siempre buen presagio de satisfacciones y bienestar tanto espiritual como material.

VACA: La vaca simboliza generosidad, paciencia, bondad y fertilidad. Pocas veces aparece en nuestros sueños y es para advertirnos que carecemos de alguna de sus cualidades. Vacas gordas y sanas presagian riqueza, bienestar y prosperidad; flacas y enfermas anuncian pobreza; una vaca preñada suele vaticinar un próximo nacimiento en la familia, o la gestación de una idea o proyecto de provecho. Para una comunidad que vive de la agricultura y ganadería, soñar con muchas vacas es excelente pronóstico de auge comercial, soñar que se recorre lentamente una localidad montado sobre una vaca vaticina ganancias; soñar con vacas desolladas o enfurecidas es de mala suerte y anuncian desdichas.

VACACIONES: Cuando el durmiente sueña que está de vacaciones revela la necesidad de un alto en sus actividades para tomarse un merecido descanso que le permita recuperar energías. Si las soñara después de haberlas gozado, lo que refleja es un recuerdo de las mismas.

VAGABUNDO: Si en el sueño nos vemos como vagabundos pero nuestros sentimientos son de felicidad y liberación, simboliza nuestra necesidad de abandonar un modo de vida o vínculo sentimental con los que ya no estábamos a gusto; también revela que poseemos capacidades que aún no sabemos manejar y que nos obligan a huir de nuestras responsabilidades. Si el sueño es triste, denota nuestro miedo al fracaso y un futuro pleno de incertidumbre.

VAGÓN: Ver un vagón detenido en la estación anuncia que alguien espera noticias del durmiente; si los vagones estuvieran en marcha presagian la llegada de tantas cartas cuan largo sea el tren.

VAJILLA: Se cree que perder una vajilla anuncia mejora de posición; romperla augura graves reveses y complicaciones.

VAMPIRO: El vampiro es un ser mítico que se caracteriza por su deseo insaciable de vivir, de manera abusiva, a costa de los demás. Cuando es otra persona la que aparece como vampiro en nuestros sueños es un aviso que nos previene contra aquellos que quieren absorber nuestra energía, dinero o sexualidad, en su beneficio. Cuando el durmiente se ve como vampiro lo que revela es que se está dejando vencer por sus bajos instintos a riesgo de perder la voluntad y exponerse a su autodestrucción física, moral y espiritual.

VEJEZ: Cuando en sueños aparece un anciano o anciana suele cumplir la función del sabio, es decir, nos recuerda que el espíritu de nuestros antepasados nos protege, que hay alguien que siempre vela por nosotros, protegiéndonos de graves peligros.

VELA: Este sueño se refiere al conocimiento, a la vida individual y a la luz espiritual; representa el esfuerzo del espíritu para vencer a las sombras que le acechan; en los sueños se refiere a la iluminación en épocas de desasosiego e incertidumbre; también revela el nacimiento de algo nuevo. Si la vela tiene una luz firme que se eleva verticalmente, denota un espíritu pujante, que sabe lo que quiere; si la luz fuera temblorosa y ardiera con mucho humo, presagia enfermedad, fragilidad de ideas e inestabilidad emocional; si la vela se apagara, nos avisa que debemos tomar un descanso a riesgo de perder la salud. Si encendemos una vela para iluminar un lugar oscuro es señal de que realizaremos una exploración emocional y espiritual; si ésta ardiera clara y brillante estamos preparados para este viaje; si la llama fuera débil aún no es el momento para dicha introspección.

VENDAS: Las vendas simbolizan tanto el dolor coma la ceguera. Si soñamos con vendas es un aviso que nos previene contra alguien que intenta sacar beneficio de nuestro dolor; también significa que estamos ciegos ante las circunstancias de las que saldremos muy heridos y desengañados.

VENTANA: La ventana constituye una abertura al aire y luz exterior; en sueños representa la receptividad y proyección hacia el futuro; si al abrir la ventana se divisa un paisaje agradable y soleado, es señal de que veremos cumplidas nuestras aspiraciones en un futuro próximo; si el panorama se vislumbrara oscuro, nos habla de un porvenir incierto tanto en lo material como en lo espiritual. Si estando en una habitación vemos como a través de la ventana penetra la claridad y el aire fresco, significa que somos receptivos a las buenas influencias; si sólo percibimos oscuridad se refiere a estar cerrados a las influencias positivas, lo que se traduce en fracaso. Si deseamos asomarnos a la ventana pero no nos atrevemos, revela nuestro temor a las consecuencias por una falta del pasado; si nos asomamos escondidos denota curiosidad sexual; ventanas con rejas o cortinas reflejan el deseo de evadir la realidad; cerradas expresan un sentimiento de frustración que nos hace sentir ahogados ante una situación que creemos sin salida. Si en el sueño nos vemos saliendo o entrando por una ventana es señal de que hemos tomado una decisión equivocada o un falso camino.

VERANO: Los sueños que cuya acción trascurre en verano son excelente presagio de que nuestros proyectos tendrán una pronta y satisfactoria culminación. Si tuviéramos un sueño desdichado, pero cuya acción sucede durante el verano, se verá atenuada su carga negativa.

VIAJE: Este sueño simboliza desarrollo espiritual, búsqueda de la verdad y progreso. Un viaje puede simbolizar una etapa que inicia en nuestra vida, una transición entre una etapa y otra o un deseo de cambio sin que éste se realice; los obstáculos y pruebas que se hallan en el camino cumplen con la función de fortalecer nuestro espíritu. Un viaje por el mar es recorrido por las aguas de nuestro inconsciente; por las montañas, al intelecto; por el desierto, al espíritu. En todos los casos, el viaje implica un cambio o profundo deseo de cambio en la vida del soñador. Cuando en el sueño sólo vemos la preparación del viaje, el punto de partida y el de arribo, omitiendo la travesía, lo que revela es el temor a realizar un cambio profundo en nuestra existencia. Si quien partiera fuera un ser querido, lo que se evidencia es nuestro miedo a perderlo.

VID: El vino es considerado el alimento de los dioses; el vino estimula, hace volar nuestra alma y nuestra fantasía, hace sentir al hombre como un pequeño dios. Simboliza también la riqueza y el conocimiento debido a los especiales cuidados que deben tenérsele.

VIENTO: El viento en sueños tiene siempre la connotación de cambio drástico si es de tormenta, y de soplo divino, inspiración, aliento vital, si es ligero; por la facilidad con que cambia también se le considera símbolo de inconstancia. Cualquier viento que aparezca en sueños anuncia acontecimientos importantes, tanto más importantes cuanto más violento sea. Un viento fuerte, arrebatado, siempre presagia cambios trascendentales en todos los aspectos de la vida del soñador, a nivel económico, emocional y laboral; un airecillo suave denota una ligera evolución, un cambio que no traerá grandes consecuencias.

VIENTRE: El vientre soñado simboliza a la madre, la necesidad de ternura y protección. Si se soñara el propio vientre lo que revela es el dominio de los bajos instintos, gula, sexo y afán de posesiones, riquezas que sólo son materiales y empobrecen el espíritu.

VIOLETA: Esta flor simboliza la modestia.

VOLAR: Es bastante común soñar que volamos y simboliza la inspiración y habilidad para trascender la simple realidad; si logramos elevarnos por nuestros propios medios significa que no conocemos límites y que aceptamos todas las posibilidades de cambio; volar en medios de trasporte mágicos e inverosímiles denota el ansia de encontrar soluciones milagrosas a nuestros problemas.

YATE: Soñar que paseamos en yate simboliza nuestra necesidad de huir de las preocupaciones y alcanzar mayor bienestar material.

YEDRA: Ver una yedra cubriendo las paredes es una invitación a aceptar los planes que se nos ofrecen; se dice que la yedra seca avisa al soñador que cuide su negocio.

YERMO: Soñar con un paisaje desolado y yermo sólo puede presagiar dolor, tristeza y mala situación.

YUNQUE: Frente al martillo, que es activo, el yunque representa la pasividad; refleja nuestra actitud pasiva ante la vida, nuestra capacidad de recibir golpes sin oponer resistencia. Soñarlo suele ser presagio de prosperidad y trabajo.

ZAFIRO: Esta piedra es considerada celestial y antiguamente era usada para contrarrestar las influencias demoniacas; soñar con esta piedra nos previene contra poderes negativos o fuerzas maléficas que nos quieran perjudicar.

ZANAHORIA: Popularmente se cree que soñarse sembrando zanahorias significa que le pedirán dinero prestado; si las recoge, usted será quien solicite ayuda económica; si come zanahorias, conseguirá determinado apoyo ventajoso que le hará mejorar su condición.

ZÁNGANO: Se piensa que soñar con zánganos es un aviso para que el durmiente se cuide de amistades ventajosas y de una posible estafa.

ZAPATOS: En la antigüedad el calzado era símbolo de libertad, demostraba autoridad, poder y dominio; de este significado se deriva que el zapato cobre una connotación sexual, pues simboliza el derecho a la

Qué dicen tus sueños ———————————————————————— 91

posesión de otra persona. Antiguamente también se creía que, al enterrar a los muertos con sus zapatos se les preparaba para su largo caminar hacia el otro mundo. Soñar con zapatos, según el contexto, puede simbolizar el deseo de posesión de unas tierras o determinada persona; si los zapatos estuvieran sucios denotan un gran sentimiento de culpa; zapatos nuevos revelan autoconfianza y seguridad en sí mismo. Si camináramos sin zapatos lo que trasluce es el temor a la indigencia o a ser esclavos de otra persona o circunstancia. Vernos marchar con zapatos, pero sin un destino determinado, puede simbolizar la muerte. Calzarle el zapato a una persona suele significar que sentimos deseo sexual hacia ella.

ZARZAMORA: Este fruto de la zarza, debido a su agridulce sabor, simboliza a la seducción; verla o comerla en nuestros sueños predice que pronto viviremos una sensual relación. Otra tradición afirma que comer zarzamoras en su temporada es feliz presagio de buenas noticias.

ZORRA: La zorra simboliza a un personaje ambicioso, lleno de malicia y dispuesto al engaño, que siempre logra lo que se propone. Se dice que oír el grito de un zorro presagia rencores y resentimientos; si se le viera a lo lejos augura la pérdida de bienes; si corriera huyendo de nosotros nos avisa de empleados desleales; perseguirla nos previene contra estafas; en caso de matarla significa que un falso amigo nos traicionará. Si nos vemos platicando con un zorro vaticina enfermedad; pero si combatimos con él lo que predice es que haremos enojar a un pariente.

Colores

Los colores siempre están asociados a determinados reinos o sustancias del mundo natural y simbolizan estados del alma; conocer su significado nos ayudará a complementar la interpretación de otros sueños. Por ejemplo, si el soñador se viera acostado en una hamaca podría decirse que tiene una actitud pasiva ante la vida, pero si ésta fuera azul, su estado de calma representaría una actitud devota, un pensamiento dirigido a la divinidad. Si soñamos que no podemos atravesar una gran puerta roja, puede simbolizar el temor a enfrentarnos a un sentimiento que pugna por salir.

AZUL: Es el color del cielo, de la divinidad y por tanto de la devoción y pensamientos religiosos, así como de la inocencia.

VERDE: Es el color de la naturaleza, representa fertilidad, simpatía, adaptabilidad, crecimiento, frescura y vigor. Básicamente se le considera símbolo de la percepción, sensación, creatividad y sagacidad.

AMARILLO: Es el color del sol, del oro, por tanto, representa la generosidad; es el color del intelecto.

ROJO: El rojo es el color del fuego, de la sangre burbujeante, de la pasión. Es el color del sentimiento, de la combatividad, del calor y del coraje.

BLANCO: Siempre representa la pureza, la inocencia, el nacimiento.

NEGRO: Representa el lado sombrío de la naturaleza, del yo y del mismo dios; el negro es la oscuridad que precede a la luz; representa al inconsciente, los miedos y temores.

Los demás colores suelen resultar de la combinación de estos seis colores:

VIOLETA: Simboliza el recuerdo, la nostalgia, la frontera que nos separa del más allá; es una mezcla de devoción (azul) y sentimiento (rojo).

GRIS: Es el color de las cenizas, representa el abatimiento, la inercia, la indiferencia, en algunos casos el miedo, el temor. Es la neutralización de los colores.

ANARANJADO: Es el color del orgullo y la ambición, pero también de la iniciativa. Reúne el color del intelecto (amarillo) y el del sentimiento (rojo).

ROSA: Es el color de la carne, de los afectos, la sensualidad y las emociones; reúne en sí el blanco (límite y nacimiento) y rojo (pasión y sentimiento).

ORO: Apariencia mística del Sol.

PLATA: Es el aspecto místico de la Luna.

Índice

Editores Impresores
Fernandez S.A. de C.V.
Retorno 7D Sur 20 # 23
Col. Agricola Oriental